MARCO POLO

Camper Guide

Dänemark

Insider-Tipps

Für deine Wohnmobil-Touren

in Zusammenarbeit mit

PaulCamper

Martin Müller

Inhalt

Das Beste zuerst

Best of Campingplätze 6
Der perfekte Campingplatz für jeden Typ

Entdecke Dänemark 8
Hintergrundinfos zu Land & Leuten

Essen & Trinken 12

Trend- & Funsport 16

Insider-Tipp
Serviceangaben
Parkplatz
Fototipp
Hunde willkommen
kinderfreundlich
schöne Lage
€–€€€ Preiskategorien

Planen – Packen – Losfahren

Anreise 176

Adventure Kids checked by PaulCamper 180
Kinderspaß für unterwegs

Gut zu wissen 182
Von B wie Baden bis V wie Verkehrsregeln

Feste & Events 186

Camper-Packliste checked by PaulCamper 188

Fahrzeugcheckliste checked by PaulCamper 190

Camper-Wörterbuch Dänisch 192

Urlaubsfeeling 194
Apps, Bücher, Filme & Musik

Hol dir den Soundtrack zum Urlaub auf **Spotify** unter **MARCO POLO Denmark**

Register 196

Bildnachweis & Impressum 199

Bloß nicht ... 200
Fettnäpfchen & Reinfälle vermeiden

Die besten Touren in Dänemark

Alle Touren im Überblick 20

Tour A

Wattenmeerweite und weiße Nordseestrände – Von Flensburg nach Skagen 22

1 Ribe & Nationalpark Wattenmeer 36
2 Ringkøbing Fjord 40
3 Klitmøller 44

Tour B

Jütlands magische Ostseeküste – Von Skagen zur Insel Mors 48

4 Skagen 60
5 Ebeltoft 64
6 Aarhus 68
7 Insel Mors 72

Tour C

Märchenhaft, fruchtbar, karg und süß – Rundfahrt auf der Insel Fünen 76

8 Middelfart 86
9 Odense 90
10 Faaborg 94

Tour D

Inselhüpfen in der dänischen Südsee – Von Flensburg zur Insel Møn 98

11 Ærø 110
12 Svendborg 114
13 Nakskov 118
14 Insel Møn 122

Tour E

Slow travel auf der Insel Sjælland – Von Kopenhagen zur Großer-Belt-Brücke 126

15 Roskilde 138
16 Gilleleje 142
17 Geopark Odsherred 146
18 Røsnæs 150

Tour F

Schwedisch-dänisches Duett – Rund um den Øresund 154

19 Kopenhagen 164
20 Helsingør 170

PLAYLIST ZUM ROADTRIP

Den Soundtrack für deinen Urlaub gibt's auf Spotify unter MARCO POLO Denmark

Code mit Spotify-App scannen

Alle Infos zum digitalen Angebot unter

marcopolo.de/app

Best of Campingplätze

WINDGESCHÜTZT

Auf dem Campingplatz Kammerslusen kannst du dein Frühstück im rotweißen Strandkorb einnehmen.

1 *Idyll für Radler*

Der Trend geht zur Fahrradmitnahme und der 20-minütige Radtrip zwischen Ribe und dem **Campingplatz Kammerslusen** an der Schleuse zwischen Fluss und Wattenmeer bietet die richtige Dosis Aktivität. Statt Strand gibt's Strandkörbe, in denen du dein Frühstück genießt. Die Brötchen kannst du im sehr freundlichen Restaurant bestellen. Achtung: Du musst vom Südufer des Flüsschens anfahren. ▶ S. 39

2 DIE SEELE WIEGT SICH IM WIND

Zwischen ganz viel Himmel und Meer parkt es sich am kleinen Hafenparkplatz von **Agernæs Havn** famos. Fünens südwestlicher Wurmfortsatz hat einen Weltende-Charme, obwohl hier von Insulanern gefischt, nach Bernstein gesucht und gern nackt gebadet wird. Inzwischen wurde Strom für Autocamper gelegt, was die spartanische Wildheit des Orts leicht zivilisiert. ▶ S. 84

3 *Im grünen Hügelmeer*

Auf dem Øhavsstien, dem Wanderweg des südfünischen Inselmeers, kannst du dich austoben. Für den Abschnitt der „Fünischen Alpen" von Svanninge liegt der Platz **Faaborg Camping** ideal. Auf den markierten Pfaden kannst du die Faszination fünischer Maler für die grünen Hügel nachvollziehen. Donnerstags und sonntags gibt's Pfannkuchen am Feuer. ▶ S. 97

4 *Tischlein-deck-dich für Fischesser*

Der **Autocamper Parkplatz Odden Havn** bietet intimes Urlaubsgefühl abseits aller Routen. Der kleine Hafen am schmalen westlichen Finale der Riviera von Sjælland verführt zu Müßiggang und Mahlzeiten aus dem Meer: alte Räuchertechnik von der Ladentheke, Fisch vom Kutter oder Restaurant *on the dock of the bay*. ▶ S. 149

5 BASISLAGER FÜR CITYTRÄUME

Hochkultur gibt's ja viel in Kopenhagen, veritable Strandkultur musste man erst konstruieren. Der **Kastrup Camperplaats** am Amager Strandpark ist pragmatisch, dafür ist er eben dazu mit Sand und jeder Menge Auslauf gesegnet. Außerdem punktet er mit einem Designerpavillon fürs Schwimmen im Meer. Von diesem Kastrup Sjøbad aus kannst du die Øresundbrücke ins Blaue gen Malmö fliegen sehen – ebenso die Jets vom Flughafen Kastrup. In der Altstadt oder der neuen Ørestad bist du in einer halben Stunde mit dem Fahrrad, was in der Radlercity Nummer eins weltweit zur unbedingten Erfahrung gehört. Oder du nimmst die flotte, führerlose Flüstermetro, die du, in der ÖNVP-City Nummer eins in Europa, auf jeden Fall testen solltest.
▶ S. 169

Entdecke Dänemark

LICHT & FARBE

Sønderborg spiegelt sich im Wasser. Hübsch siehst du aus!

Dänen lassen gern Drachen steigen, lieben salziges Lakritz und fahren viel Fahrrad. Familiäre Bande und sangesfreudige Feste im Freundeskreis sind lebenswichtig; zu diesen Anlässen wird viel getrunken, ausgelassen getanzt und dabei der ältesten Nationalflagge der Welt sowie dem Gefühl von *hygge* gehuldigt. Die Strände sind zum Baden, Angeln und für die Kindern zum Spielen da. Man ist leger, aber nicht laut, mag Trödelmärkte *(løppedmarked)*, aber auch schlichtes Design. Kurzum: Dänemark ist einfach cool.

Hygge im Womo

Als Deutsche tun wir uns vermeintlich leicht, das Gefühl von *hygge* zu übersetzen, haben wir doch unsere „Gemütlichkeit". Abgesehen davon, dass *hygge* seinen Ursprung im Angesicht norwegischer Urnatur hat, schreiben es sich die Dänen selbst zu, wenn sie ein behagliches Gefühl des Miteinanders meinen. Die Briten forschen und lehren sogar, warum Dänen in Statistiken notorisch den Gipfel des Glücklichseins erklimmen. Andererseits beschreibt der britische Anthropologe Richard Jenkins *hygge* als „normativ bis hin zum Zwang". Sein dänischer Kollege Jeppe Linnet nennt diesen Teil dänischer Eigenart gar Sozialkontrolle. Womit wir beim Stammesband moderner Wikinger wären, das uns Besucher von diesem Gefühl ausschlösse. Über den Clou des Reisens im Womo sind wir aber im Spiel. Denn traut im mobilen Heim am Dünenstrand Sonnenunter- und aufgang zu erleben, ist unser ultimatives, ganz persönliches *hygge*.

IM BANN DER NATIONALFLAGGE

Die Präsenz des *Dannebrog*, der dänischen Flagge, ist frappierend. Du findest sie am Mast vor Eigenheimen, bei Feiern an jedem Platz und im Supermarkt plakativ auf Waren. Du bekommst sie in die Hand gedrückt, wenn du beim Mittsommerfest *Sankt Hans Aften* zu einem der vielen großen Feuer geladen wirst, um das herum Dänen das Lied *Midsommervisen* singen. Nationalistisch? Eher hyggelig.

Baden im Anzug

Zwischen zwölf und 20 °C beträgt im Sommer die Wassertemperatur an den zahlreichen Stränden. Nordseewellen sind generell kühler als die ruhigere Ostsee. Idealerweise steht dein Womo irgendwo in Strandnähe und du nimmst ein Bad. Damit die Wassertemperatur kein Hindernis darstellt, gehört ein dünner Neoprenanzug unbedingt ins Gepäck.

Modernes Bauen

Design im Heim ist Dänen wichtig und teuer, was sich aber bis auf Ausnahmen wie im Haus 8-tallet in Kopenhagen deinen Blicken entzieht. Eher fällt Kunst im öffentlichen Raum in Kleinstädten ins Auge, etwa in Holstebro. So kann deine Womoreise gar zur ArchitekTour werden, ein Parcours gespickt mit faszinierenden postmodernen Bauten. Viele Museen locken über ihre Themen hinaus mit ihrer Gestalt – speziell Bauten des dänischen Architekten Bjarke Ingels (BIG), wie etwa das Museet for Sjøfart in Helsingør oder die Wohnhäuser in Kopenhagens Ørestad und Nordhavn. Private, quasi philanthropische Stiftungen lassen Baugelder sprudeln, die dem herkömmlichen *hygge*-Aspekt einen veritablen baulichen Kick verpassen.

AUF EINEN BLICK

43.094 km²

Fläche

[Deutschland 357.588 km²]

5,9 Mio.

Einwohner

[Deutschland 84,1 Mio.]

1870

Sonnenstunden im Jahr

[Deutschland Ø 1650 Stunden]

Höchster Berg

172,35 m

Ein Hügel aus der Bronzezeit verschafft dem Yding Skovhøj die entscheidenden Zentimeter

20 °C

HÖCHSTE BADETEMPERATUR RØMØ UND KOPENHAGEN

HÄUPTLING ODER KÖNIG?

Um das Jahr 950

starb Gorm den Gamle, den man heute den ersten König Dänemarks nennt

394 Inseln

Davon sind nur 72 bewohnt

5

NATIONALPARKS

55 %

STROMERZEUGUNG AUS WINDKRAFT

GEWÖHNE DICH ANS DUZEN

Hinter der Grenze sind alle beim Du – das Sie ist allein für die Königin reserviert. Wenn du dich mit Dänen auf Deutsch unterhältst, sollte dich das Du also nicht überraschen. Es ist nicht respektlos gemeint, sondern reflektiert, dass man hier statt Hierarchie Augenhöhe schätzt. Für diese Gleichheit haben die Dänen sogar ein ungeschriebenes Gesetz, das *Janteloven*.

Ein Land für Radler

Besonders in Kopenhagen sind Radler auch zahlenmäßig dem Motorverkehr gleichgestellt. Landstraßen sind oft von Radwegen begleitet oder die schmale Asphaltpiste ist, beidseitig gestrichelt, um Radlerterrain verengt. Weil es allein an der Küste 1400 km (oft flache) Radwege gibt, solltest du dein Zweirad mitnehmen. In fast jedem Ferienort kannst du auch Räder mieten. Eine Helmpflicht gibt es nicht.

Koexistenz von Naturschutz und Landwirtschaft

Dänemark wird dir viel weniger wild erscheinen als etwa Schweden, doch es gibt Bemühungen, die Natur zu schützen. Täglich führt dich deine Reise durch große landwirtschaftlich genutzte Flächen wie Rapsfelder; gut 60 % des Landes sind Anbauflächen mit allerdings weltweiten Vorzeigestandards für Lebensmittelproduktion und Tierhaltung. Im Land ist etwa doppelt so viel naturschützende Fläche ausgewiesen wie in Deutschland. Relativ spät – ab 2008 – hat man Nationalparks geschaffen, in denen Menschen weiter wohnen und arbeiten. Der Wattenmeerpark ist bei weitem der größte, die vier anderen Parks sind Thy und Mols Bjerge in Jütland sowie Kongernes Nordsjælland und Skjoldungernes Land auf Sjælland. Insgesamt hat Dänemark im EU-Vergleich wenig wilde Natur, und die ist in einem wenig biodiversen Zustand. Der WWF und Ikea wollen jetzt Abhilfe schaffen.

BIKEN IM PULK

Cityradler denken an die Umwelt und ans flottere Erreichen des Ziels.

Essen & Trinken

FRISCHE FISCHE

In Thorup Strand serviert man den Fang al fresco.

Traditionelle Restaurants servieren dänische Klassiker, sonst ist die Auswahl oft austauschbar und pommeslastig. In den knapp 40 Sternerestaurants wird häufig der Philosophie der Neuen Nordischen Küche gehuldigt. Das andere Ende der Vielfalt bieten die roten Grillwürste, in Städten am mobilen *Pølsevogn* serviert. Der oft saftige Restaurantpreis für ein Hauptgericht mit Getränk lässt in vielen Womos kreative Kochkunst aufleben. Frisches regionales Gemüse, Obst und Sauerteigbrot aus *Gårdbutikker* genannten Hofläden oder unbemannten Verschlägen am Wegesrand sorgen dafür, dass du nicht auf Sparflamme essen musst.

Rot heißt reinbeißen

Schon als Wort geht dir die Brühwurst *Pølse* leichter über die Lippen als so mancher Zungenbrecher auf dänischen Menükarten. Damit dich die Signalfarbe Rot dann nicht vom Biss in jene *Røde Pølse* abhält, solltest du wissen, dass rote Einfärbung traditionell nicht nur in Dänemark für preiswerte Verwursterei in Krisenzeiten stand. Aus der Billigwurst von einst wurde in besseren Zeiten der qualitativ bessere Lieblingssnack der Dänen. Der Lebensmittelfarbstoff Karminsäure, der für einige Allergiker problematisch sein könnte, und heute vermehrt der synthetische Zusatzstoff E 124 sorgen für die Purpurfarbe. Rot ist für Dänen also kein Appetithemmer, sondern macht ihnen den Mund wässrig – angeblich werden etwa 100 Millionen Portionen im Jahr verspeist, viele davon an ikonischen Wurstwagen, den *Pølsevogn*.

Nordisches Küchendogma

Zehn Jahre nach dem Dogma-Manifest zur Verschlankung von Filmproduktionen verabredeten dänische Köche 2005 zusammen mit den Ländern des Nordischen Rats eine ähnliche Diät für die Restaurantküche. Regionalität der Zutaten, Ökoanbau und die Rückbesinnung auf häusliche Prozesse zur Gärung oder Konservierung gerieten zur schicken Rezeptur. Olivenöl wurde durch Rapsöl ersetzt, Essig aus unreifen Erdbeeren gewonnen, neue Leckereien wie etwa das Maispflanzenmark kamen auf die Teller, Sauerteigbrot wurde wiederentdeckt. Tang und Wildgemüse gelten seitdem als hip, Köche gärtnern. Fisch und Meeresfrüchte serviert man so kreativ, dass nordische Köche in aller Munde sind und mit Michelinsternen überhäuft werden. Ausgehend vom heute berühmtesten Restaurant, dem Noma *(nordisk mad)* in Kopenhagen, und seinem Küchenstar René Redzepi köchelt die Neue Nordische Küche inzwischen in einer eigenen Sphäre.

VON FROKOST BIS MIDDAG

Die *frokost* bezeichnet der Rest der Welt inzwischen als Lunch – hier nicht. Im klassischen Restaurant wird zum Mittagessen oft *Smørrebrød* serviert, auch gefüllte Blätterteigbrötchen (*Tarteletter*). In einem coolen Café wirst du zwischen 10 und 14 Uhr eher mit Brunch statt *Frokost* verpflegt, oft vom Buffet. Die nächste stattliche Mahlzeit in einem Restaurant musst du dir als *Middag* merken – was nichts mit Mittag zu tun hat, sondern das Abendessen von 18 bis 20 Uhr meint.

Nicht billig, aber preiswert

Gemessen an seiner Fläche findest du in Dänemark viele Supermarktketten. Obwohl der Eurostat-Index es als das teuerste Land Europas listet – 43 % über dem Mittel, Deutschland 7 % – kaufst du im Supermarkt recht günstig ein. Milchprodukte sind erschwinglich, Bierpreise nicht so prohibitiv wie im Lokal.

MENÜKARTE

Morgenmad (Frühstück)

Rundstykker und Bøller
Oft helle, knusprige Brötchen mit Mohn, auch Vollkornbrötchen mit Samen sowie weiche, manchmal herzhafte Brötchen

Tebirkes und Grovbirkes
Blätterteig-Croissants mit süßer Füllung sowie mit Samen bestreute Blätterteigbrötchen

Grød
Porridge aus Hafergrütze

Frokost (Lunch)

Smørrebrød
Butterbrot à la carte

Pariser bøef
Mini-Hacksteak mit Kapern und frischem Eigelb auf Toast

Hjemmelaved Leverpostej med ristet bacon
Hausgemachte Leberpastete mit geröstetem Bacon

Sild
Hering ist ein Klassiker, auf viele Arten mariniert, oft serviert mit Senfsoße

Middag (Abendessen)

Stegt flæsk
Schweinebraten mit Petersiliensoße und Kartoffeln

Østers
Pazifische und europäische Austern aus der Nordsee und dem Limfjord

Pandestegt Rødspætte
Gebratene Scholle

Grillet Jomfruhummer
Gegrillter Kaisergranat oder Kaiserhummer

Dessert

Rødgrød med fløde
Rote Beerengrütze mit Sahne

Koldskål
Kaltschale aus Buttermilch, Ei, Vanille und Früchten

Ymer
Cremiges Sauermilchdessert mit gezuckerten Schwarzbrotkrümeln

VITAMINE AM WEGESRAND

Deine Womotour kann kulinarisch bio und lecker werden, wenn du Hofläden – *Gårdbutikker* – in deine Planung einbeziehst; frage in den Touristeninfos danach. Ungeplant stößt du oft auf Straßenstände mit Obst und Gemüse. Wirf den geforderten Betrag in eine Dose oder installiere eine Bezahlapp auf dem Smartphone. *visitdenmark.de/daenemark/erlebnisse/gastronomie/strassenstaende-und-hoflaeden-daenemark*

Lieber Schwein als vegan?

Traditionell ist den Dänen ihr Fleisch lieb. Vegetarische oder gar vegane Menüs sind in den Städten im Kommen, auf dem Land findet man seltener kreative Varianten. *visitdenmark.de/daenemark/erlebnisse/gastronomie/vegane-und-vegetarische-restaurants*

Ein Butterbrot wie Sternschnuppen

Smørrebrød, das dänische Butterbrot, wurde durch den schwedischen Koch der Muppet Show berühmt. Da die Dänen unter den Nordländern die wahren Gourmets sind, ist deren Butterbrot auch das reichhaltigste. Und erreicht die maximale Belegungsstufe. Denn auf einem dunklen Roggenbrot türmt sich immer ein Küchenspektakel aus Fisch, Fleisch, Röstzwiebeln, Gemüse, Dill, Pastete, Remoulade, Zitronenscheiben etc. auf. Die edelste Belegung gipfelt im *Stjerneskud*, der Sternschnuppe. Mit Roggen panierter Fisch und gekochter Fisch werden mit Shrimps und Eiern bedeckt. Im Sommer lugt Spargel hervor, der Kaisergranat *Jomfruhummer* und Kaviar sind quasi die Krönung. Garniert wird das Kunstwerk mit der Soße Marie Rose. Kunst kommt hier von Handwerk, denn es gibt eine dreijährige Ausbildung zum *Smørrebrødschef*.

ROADMOVIE MIT GEMÜSE

An Straßenständen kannst du dich mit Vitaminbomben eindecken – und mit Münzen bezahlen.

Trend- & Funsport

LOCKENDE SÜDSEE

Flach, sandig, sonnig und mit Inseln gespickt breitet sich das Meer südlich von Fünen aus – fast uferlos aus Kajaksicht.

Seekajakfahren

Wann? Mai–Sept.

Wo? Besonders das flache und warme südfünische Inselmeer zwischen Ærø und Svendborg lockt Seekajakfans. Spannend sind auch der ruhige Ringkøbing Fjord oder das Müllsammeln im Kajak in Kopenhagen (Gratisleihe).

Wie? Für geführte Touren solltest du früh vorbuchen, aber man kann Kajaks auch spontan stundenweise mieten. Anfänger können auch Kurse machen. *visitfyn.de/fyn/reise-ideen/miete-dir-ein-kajak* | *kayakrepublic.dk*

Bouldern

Wann? Ganzjährig

Wo? Die in den Nordseestränden teilweise eingesunkenen Kriegsbunker bieten mit rauer Oberfläche Vertikalen von zwei bis vier Metern – Schwierigkeitsgrad ca. Fb4–Fb6. Zwischen Blåvand und Klitmøller lohnen etliche Küstenparkplätze einen Halt zur Ausschau nach Bunkern im Nordseesand.

Wie? Erfahrene Boulderer planen das Runterfallen ein und haben ein Crash-Pad dabei. *inseltrek.de/bouldern-im-norden-preview-daenemark*

Surfen und Kitesurfen

Wann? Anfänger probieren es im Sommer, Könner surfen auch in kalten Monaten.

Wo? Die Nordseeküste hat viele Surfspots. Ringkøbing Fjord, Ho Bugt und Løkken sind gut für Anfänger. Die Surfdestination Cold Hawaii zwischen Hanstholm und Agger entlang der Westküste Jütlands bietet gut 30 Stellen zum Wellenreiten und Kitesurfen. Topspots sind Klitmøller, Hvide Sande und Nord Vorupør mit Wellenhöhen von drei bis vier Metern. Bei Ostwind sind auch die Ostseeküsten von Møn und Falster (Marielyst und Gedser) surffähig.

Wie? Surfbare Strände haben oft Surfcamps. Dort leihst du dir Bretter und Neoprenanzüge und lässt dich anleiten. *travelonboards.de/surfen/surfspots/europa/daenemark* | *dansk.de/reisefuehrer/surfen*

Mountainbiken

Wann? Ganzjährig

Wo? Außer Radfernwegen gibt es viele hundert Kilometer vom Amt für Naturverwaltung Natyrelsen ausgewiesene Mountainbikerouten. Jütländische Dünenplantagen (Klit) bieten Downhill-Stücke, etwa Blåbjerg, Klosterheden und Svinkløv Klit. Tolle Waldrouten findest du im Buchenwald Klinteskov bei Møns Klint. Anspruchsvolle Gebiete heißen „10 Spir" (Spitzen).

Wie? Manche Campingplätze vermieten MTBs, etwa Camp Møns Klint (▶ S. 125). Grüne Routen sind leicht, schwarze schwer, weiße lang. *naturstyrelsen.dk/aktiviteter-i-naturen/cykling-loeb-og-fitness/mountainbike* | *naturstyrelsen.dk/aktiviteter-i-naturen/cykling-loeb-og-fitness/mountainbike/de-10-spir* | *alltrails.com/de/denmark/mountain-biking*

RÜCKENWIND

Dänemark ist ein Paradies für Radfahrer.

Die besten Touren in Dänemark

GUTEN MORGEN, WELT

Campertür auf. Tief durchatmen. Der Tag wird wundervoll!

Alle Touren im Überblick

Skagerrak
Kattegat
Sverige
Danmark
Østersøen
Trollhättan
Falköping
Alingsås
Kungälv
JÖNKÖPING
Lerum
Torslanda
Borås
GÖTEBORG
Kinna
Onsala
Gislaved
Värnamo
Ljungby
HALMSTAD
Skagen
Frederikshavn
Hjørring
AALBORG
Hobro
Grenaa
Lystrup
Ebeltoft
Tilst
Aarhus
B
Von Skagen zur Insel Mors
Jütlands magische Ostseeküste
Seite 48
Slow travel auf der Insel Sjælland
Seite 126
Schwedisch-dänisches Duett
Seite 154
Gilleleje
Helsingør
HELSINGBORG
F
Rund um den Øresund
Geopark Odsherred
Hillerød
E
Von Kopenhagen zur Großer-Belt-Brücke
Ølstykke
Røsnæs
Holbæk
Roskilde
KØBENHAVN
MALMÖ
Höllviken
Ystad
Trelleborg
C
Rundfahrt auf der Insel Fünen
Middelfart
Odense
Großer-Belt-Brücke
Ringsted
Køge
Slagelse
Haslev
Haderslev
Märchenhaft, fruchtbar, karg und süß
Seite 76
Faaborg
Svendborg
Møn
Sønderborg
Ærø
Nakskov
Nykøbing Falster
D
Von Flensburg zur Insel Møn
Flensburg
Schleswig
Inselhüpfen in der dänischen Südsee
Seite 98

INSELWELTEN IM WATT

Auf den Inseln Rømø und Fanø darf das Womo tagsüber an den Strand.

Tour A

Wattenmeerweite und weiße Nordseestrände
Von Flensburg nach Skagen

Start – **Flensburg**

80,5 km

Spot 1 – **Ribe & NP Wattenmeer** ▶ S. 36

181 km

Spot 2 – **Ringkøbing Fjord** ▶ S. 40

133 km

Spot 3 – **Klitmøller** ▶ S. 44

208 km

Ziel & Spot 4 – **Skagen** ▶ S. 60

Deine große Nordseetour führt dich durchs deutschsprachige Grenzland von den mystischen Aquarellen Emil Noldes durchs Watt-Ambiente mit Inselabstechern. Ab Esbjerg begleitet dich unmittelbar die Nordseebrandung mit Leuchtturmblicken. Am Ringkøbing Fjord wird Whisky destilliert und du kannst durch Dünen tollen. Museen beleuchten Havarien von Schiffen und Walen sowie Nazi-Betonmanie im Sand. Der Nationalpark Thy vermittelt Hawaii-Feeling. Finale ist ein vor den Elementen geretteter Leuchtturm.

Strecke 602,5 km

Reine Fahrzeit 10 Std.

Streckenprofil Flache, gute Straßen, nur wenige einspurige, schmale Stücke

Empfohlene Dauer
7–10 Tage

Anschlusstour
B D

FACTS

Tour A im Überblick

Tour-Highlights

Im *Tirpitz Bunkermuseum* kreative Architektur und großes Kino am Kriegsbeton bewundern ▶ **S. 29**

Am *Bork Vikingehavn* von täuschend echten Haudegen empfangen werden ▶ **S. 31**

Bei *Ribe* durchs Wattenmeer auf Austernpirsch gehen ▶ **S. 37**

Die Dünenheide der Nehrung *Holmsland Klit* am Ringkøbing Fjord mit dem Fahrrad erobern ▶ **S. 41**

In *Klitmøller* erste Stehversuche auf Wellenbrettern machen ▶ **S. 45**

Skagerrak
Skagen
Seite 60
4
Rubjerg Knude Fyr
Hjørring
Frederikshavn
Sæby
Brønderslev
E 39
E 45
AALBORG
Thorup Strand
Aars
Hobro
Viborg
Silkeborg
Skanderborg
Lystrup
Tilst
Tranbjerg
Grenaa
Danmark
Stauning Whisky
Hedensted
Fredericia
Middelfart
be & Nationalpark Wattenmeer
Seite 36
Aabenraa
Faaborg
Svendborg
Rudkøbing
Sønderborg
Flensburg
Kappeln
Tarp
Kattegat
Østersøen
Samsø Bælt
Kalundborg
Holbæk
Hundested
Frederikssund
Jyllinge
Høng
Slagelse
Ringsted
Næstved
Vordingborg
Maribo
Nykøbing Falster
Hedehusene
Solrød Strand
Køge
Lillerød
Værløse
Helsingør
Humlebæk
KØBENHAVN
MALMÖ
Trelleborg
HELSINGBORG
Höganäs
Ängelholm
Båstad
Laholm
HALMSTAD
Falkenberg
Varberg
Hyltebruk
Sverige
Kungsbacka
Kinna
Tranemo
Lindome
GÖTEBORG
Bollebygd
Borås
Lerum
Kungälv
Alingsås
E 6
E 4
E 20
E 22
E 47
30 km

Ⓐ Tourenverlauf

LOS GEHT'S!

Start

Flensburg

Optionaler Anschluss: Tour D

50 km

Zum Start in Flensburg lockt gleich die Grenze. Zunächst aber ignorierst du sie und begleitest lediglich ihren Verlauf nach Westen. Weil du dir zum Einstieg in deine Westjütlandtour den Besuch des episch gelegenen Nolde Museums gönnst. Nimm dafür am Flensburger Rathaus die B199, kreuze den Verlauf der A7 und biege nach dem Ibis-Hotel rechter Hand zunächst rechts ab in die Ellunder Straße, dann links in die Flensburger Straße. Diese wird zur ländlichen Grenzstraße (L192) und führt dich ans Ziel – zuletzt leiten dich Wegweiser zum Museum.

Nolde Museum

Auf der Warft Seebüll bauten Emil Nolde und seine ihn managende dänische Ehefrau Ada zwischen 1927 und 1937 im Bauhausstil ein wuchtiges Wohn- und Ateliergebäude mit Garten. Die Oase der Kunst ist frisch renoviert. Tauche ein in Noldes farbig-sattes Werk. Der benachbarte Bauernhof Hülltoft war oft Inspiration für Werke des Malers, ebenso wie Meer, Himmel und Polderlandschaft. Auf Infotafeln wird Bezug genommen auf die Haltung des Ehepaars zum NS-Regime; Nolde war in der Nazi-Ausstellung „Entartete Kunst" von 1937 der werkmäßig am stärksten betroffene Künstler.

i *Nolde Stiftung Seebüll | März–Okt. | tgl. 10–18 Uhr | ab 12 J. 6 €, Familienkarte 24 € | nolde-stiftung.de | 2–3 Std.*

P *Kostenlos am Museum*

14 km

Vom Parkplatz aus wendest du dich nach Westen, kurz danach biegst du erneut rechts ab in die Straße Nordostdeich, die dich am alten deutschen Grenzwirtshaus Rosenkranz fast klammheimlich über die Grenze führt. Biege gleich wieder ab in den Møgeltondervej und steuere bald links in Richtung Møgeltønder und Tønder. Imposant rückt die Kirche von Møgeltønder ins Visier.

Møgeltønder

Kirche und Schloss dominieren das Örtchen. Dazwischen liegt die gepflasterte und von Linden gesäumte Schlossstraße. Viele der alten

Häuser sind reetgedeckt und denkmalgeschützt. An einem Ende der Slotsgaden hast du Gelegenheit, die üppigen Deckengemälde der **Kirche** zu bewundern. Am anderen Ende wartet das **Schackenborg Slot** im Barockstil. Obwohl Besitzer Prins Joachim und seine französische Frau Marie 2014 das Schloss einer Stiftung überließen (Hochzeit 2008 auf Schackenborg), kann man mit Glück bei der Besichtigung die adelige Familie antreffen – die Beflaggung verrät's.

i *Schloss: Deutsche Führung anfragen und buchen unter booksonderjylland.dk/de/fuhrung-auf-schloss-schackenborg-auf-deutch | Tel. +45 81824570 | Slotsgaden 42 | schackenborg.dk | Kirche: Mai–Sept. Di–So 8–16, sonst 9–16 Uhr | Sønderbyvej/Slotsgaden*

P *Slotsgaden 29a | GPS 54.94133, 8.80809. Man darf kostenfrei im hinteren Teil des großen Schotterparkplatzes im Womo nächtigen, aber nicht richtig campen (10 Stellplätze | Toilette | Wasser).*

Insider-Tipp
Bild-gewaltig
Suche im Comicstrip an der Kirchendecke jene biblische Szene, die darstellt, wie Gott Eva aus Adams Rippen schneidet.

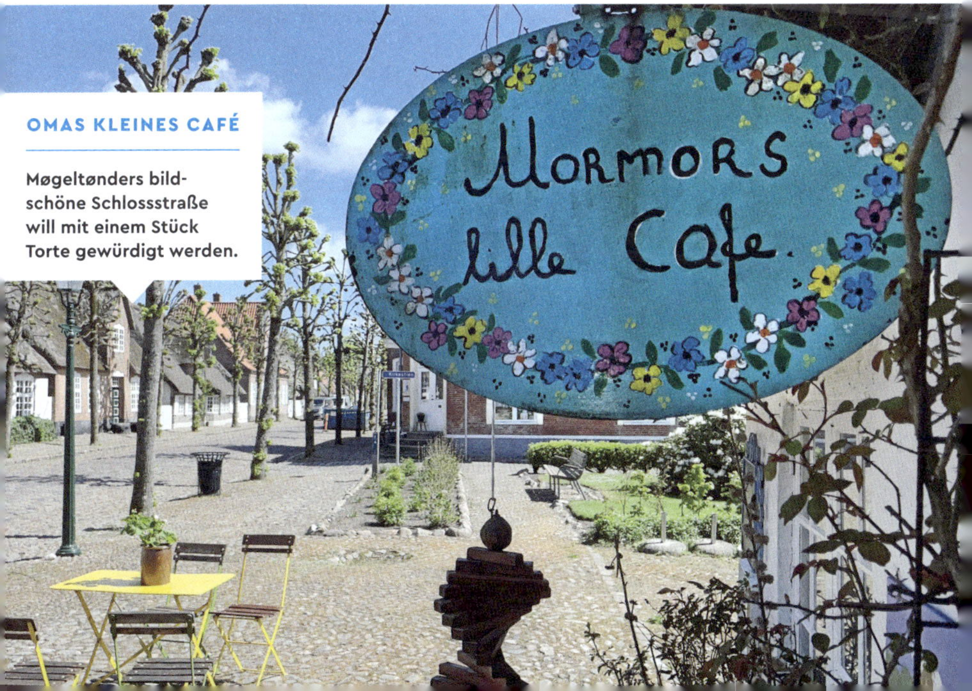

OMAS KLEINES CAFÉ

Møgeltønders bildschöne Schlossstraße will mit einem Stück Torte gewürdigt werden.

ANDACHT

Die feierliche Viererbande Mennesket ved havet (Der Mensch am Meer) bei Esbjerg markiert grob das Ende des Wattenmeeres.

Café Slotsgaden und Mormors Lille Café
Beim Gang über die Schlossstraße solltet ihr im Antiquitätencafé **Café Slotsgaden** stöbern und die geniale Kuchenschmiede im urigen Mormors Lille Café nicht auslassen – ideal, um die südjütische Kaffeetafel nachzuempfinden.

i *Café Slotsgarden: Tgl. 10–18 Uhr | Slotsgaden 14 | cafeslotsgaden; Mormors Lille Café: Juni–Aug. 10–16 Uhr, sonst kürzer | Slotsgaden 9*

5,5 km Lass das Schloss links liegen und rolle ostwärts. An der nächsten T-Kreuzung folgst du der Beschilderung nach Tønder über die 419. Im Ortszentrum biegst du rechts in den Kongevej und erreichst das Kunstmuseum Sønderjylland, kenntlich am einverleibten Ex-Wasserturm.

Tønder

Der 7500-Seelen-Marktflecken liegt zwar neun Meter unter Meeresniveau – was 1632–34 zur Flutkatastrophe mit wohl 10 000 Toten führte –, ist aber heute wirksam gepuffert, was vom Wasserturm aus gut nachvollziehbar ist. Im Wendelaufgang des Turms triffst du auf klassische Sitzmöbel von Designer und Stadtsohn Hans J. Wegner. Handel und Handwerk schufen den Ruf der Tønderaner: Vor 800 Jahren kamen holländische Flachkähne mit Kacheln und fuhren wieder mit Rindviechern. Vor 250 Jahren arbeiteten

Tausende Spitzenklöpplerinnen sogar für den Export nach England. Das **kulturgeschichtliche Museum** ist eine echte Fundgrube. Grenzlandhistorie: 1920 votierten die Tønderaner für die Zugehörigkeit zum Deutschen Reich, wurden aber vom bäuerlichen Umland überstimmt.

i *Museum Sønderjylland | tgl. 10–17 Uhr | 110 DKK, Kinder frei | Wegners plads 1 | msj.dk/de/kunstmuseum-tondern | 2 Std.*

11 km Vom Museum nach rechts, an einer kleinen Seebrücke kurz rechts über den Sønderlandevej, findest du im Kreisverkehr die Straße 11, die geradlinig nach Ribe führt. Im Mai/Juni wirst du von goldenen Raps-, im Herbst von Maisfeldern begleitet. Stetig näherst du dich der Küste, dem nördlichen Zipfel des sich über 500 km von Holland her erstreckenden Wattenmeers, das erst seit 2010 auch in Dänemark Nationalpark und Weltnaturerbe ist. Kurz vor Ribe kannst du links dem blauen Wegweiser zum **Vadehavscentret** (Wattenmeerzentrum) folgen, das du nach wenigen Minuten erreichst (▶ S. 37).

Spot 1

Ribe & Nationalpark Wattenmeer

Am Gezeitensaum ist der Dom zu Ribe ein Ruhepol ▶ **S. 36**

80 km Nimm die Straße 24 für deine ausgeschilderte Fahrt nach Esbjerg. Manchmal darfst du auf 90 km/h beschleunigen – Vorsicht vor annoncierten Radarfallen. Auf halbem Weg taucht Esbergs Tafelsilber auf: Windräder, die rechts neben der Straße aufragen. **Esbjergs** modernes Hafenambiente kann dich nicht aufhalten, wohl aber die vier neun Meter hohen, weißen Betongestalten nördlich der Hafenmündung. Kurzer Stopp und Gang zwischen den 1995 von Svend Wiig Hansen aufgestellten Männern am Meer, die ähnlich dasitzen wie die Tempelfiguren im ägyptischen Abu Simbel. Der Mensch mache sich erst die Hände schmutzig, wenn er aufsteht und in die Welt geht – so argumentierte der Künstler. Danach fährst du weiter bis zum Hjerting Badehotel, biegst dort rechts ab. Kurz darauf leitet dich die Beschilderung nach Blåvand auf die 463, später, nach einem Bahnübergang, auf die 431.

Tirpitz Bunkermuseum

Zwischen Ribe und dem Nordende des Wattenmeers bei Blåvand zählten 1300 Bunker zum Nazi-Atlantikwall. Zum begehbaren hermetischen

Betonrund rammte der dänische Kultarchitekt Bjarke Ingels (BIG) 2017 eine durch vier gradlinige Vertikalen portionierte lichtdurchflutete Öffnung in die Dünen – ein geniales canyon-artiges Werk. Drinnen überwältigt bombastische Videotechnik mit einer Zeitrafferversion der Küstenhistorie. Mit Shop und Café.

i *Tgl. 10–16 Uhr | 170 DKK, Kinder frei | Tirpitzvej 1 | Blåvand | tirpitz.dk | 1,5–2 Std.*

7 km Es ist nicht weit bis zum Leuchtturm Blåvand, den du über den Fyrvej erreichst. Kurz davor findest du einen kostenlosen Strandparkplatz mit dem **Fast Food Restaurant Sandkassen** *(GPS: 55.553758, 8.093389 | €).*

Blåvandshuk Fyr & Blåvand Naturcenter

Nach der Bunkererfahrung geht's jetzt 170 Stufen hinauf bis zum Umgang des Leuchtturms in 39 m Höhe. Sein Leuchtfeuer reicht 23 Seemeilen weit. Am westlichsten Punkt Jütlands gelingt ein famoser Blick über Dünen, Meer, Sandstrand plus Offshore-Windräder – sowie über das militärische Schießgelände Oksbøl in der Heide (nicht betreten, wenn rote Bälle hochgezogen sind!). Nebenan wird im einfachen Blåvand Naturcenter *(Eintritt frei)* auf Infotafeln Wattnatur erklärt. Ein Zehn-Minuten-Strandgang bringt dich zu den vier vom Künstler Bill Woodrow mit Maultierskulpturen verzierten Bunkerchen *(GPS: 55.560658, 8.076476).*

i *Tgl. 10–15 Uhr im Winter und 9–19 Uhr im Sommer | 70 DKK, Kinder frei | Fyrvej 106 | Blåvand | blavandstrand.com | 2 Std.*

40 km Fahre den Fyrvej kurz zurück bis in den Ort Øksby, in dem du nach dem Discounter Meny nach links in eine unbeschilderte Straße abbiegst. Die schmale Dünenstraße führt eine Weile im Abstand von 1 km zur Küste entlang der typischen Badeorte Vejers, Grærup und Borsmøse – Strandzufahrten haben sie alle. In Henne biegst du kurz rechts in die Straße 465, danach wieder links in Richtung Blåbjerg. Am nördlichen Waldende folgst du linker Hand dem Wegweiser nach Nymindegab.

Nymindegab

Im Örtchen wartet das zunächst unscheinbare **Nymindegab Museum.** Doch findet in einem Glaspavillon das rund um die Uhr sichtbare Skelett eines hier 1990 gestrandeten 12-Meter-Pottwals seine letzte Ruhestätte. Das Heimatmuseum wartet zudem mit einer alten Mühle und Fundstücken aus der Eisen- und Wikingerzeit auf. Hinzu kommen Gemälde der Mitglieder der Künstlerkolonie Skagen – sowie ein schöner Kinderspielplatz!

i Sommer tgl. 10–17, sonst Mi–So 10–16 Uhr | 85 DKK, Kinder frei | Vesterhavsvej 294 | Nr. Nebel | vardemuseerne.dk | 1 Std.

Am Ortsende lädt ein Picknickparkplatz mit gepflegten alten Fischerkaten dazu ein, Dünenhafen-Ambiente kreativ abzulichten. GPS: 55.818612, 8.184351

Insider-Tipp
Stegurlaub
Eine Fläche im Schilf am Ortsende lockt zum freien Parken. Oder zumindest zum Picknicken auf breitem Steg plus Bad! (GPS: 55.817751, 8.190714)

6,5 km Fahre 500 m zurück nach Osten und biege dann zum ausgeschilderten Wikingerhafen Bork ab. Du berührst bereits den südlichen Ausläufer des Ringkøbing Fjords.

Bork Vikingehavn

Im originalgetreu nachgebauten Wikingerhafen empfangen dich kolossale Mannsbilder in Fell und Leder – dänische und auch deutsche Kerle machen ihr Wikinger-Ding, erklären alles über Kriegskunst und die flache Wikingerhierarchie Jütlands und lassen sich sehr gern fotografieren. Im Sommer können Kinder in einer Kriegerschule das Kämpfen nach Wikingerart lernen. In Café und Langhaus wirst du entsprechend verköstigt.

i April–24. Juni, Sept., Okt. tgl. 10–16, 25. Juni–Aug. tgl. 10–17, Feb./ März, Nov. Mi, Do 13–16 Uhr | 165 DKK | Vikingevej 7 | Hemmet | ringkobingfjordmuseer.dk/de/museer/bork-vikingehavn | 1,5–2 Std.

27 km Vom Hafen fährst du kurz weiter nach Osten und folgst dann links der 423 Richtung Tarm. Biege in Lønborg nach links in Richtung Skjern ab. Hier überrascht dich sumpfiges Flachwasser mit trägen Fjordzuflüssen, die Skjern Enge, durchzogen von einer schmalen Straße, die einen **Turm** *(GPS: 55.917787, 8.437936,* *▶ S. 32, Insidertipp)* und einen Parkplatz *(GPS: 55.922621, 8.439251)* für Vogelbeobachter bereithält. Gleich darauf näherst du dich dem etwas größeren Ort **Skjern.** An seinem Westrand folgst du dem Hinweis zur Whiskybrennerei nach links (5 km).

KUSCHELKÜSTE

Womofahrer suchen und finden – etwa diese Schilfoase bei Nymindegab.

Insider-Tipp

Gummistiefel und Fernglas raus!

Welche Vögel siehst du vom Ansitz Fugletårn? Seeadler & Co. werden im Turmraum bildhaft und dreisprachig vorgestellt.

Stauning Whisky

Neun Freunde hatten 2009 die Schwipsidee, in Jütland Whisky herzustellen. Tatsächlich wird das heimische Getreide vor Ort gekeimt und gemälzt! Wie alles funktioniert, kannst du in dem sehenswerten Anwesen auf einer Führung erfahren, Kostproben inklusive. Whiskyprofis loben die rauchigen Malts sehr.

i *Tgl. 10–16 Uhr | Führungen ab 110 DKK, deutsche Führung auf Webseite vorab buchen | Stauningvej 38 | Langkaer | stauningwhisky.com/de | 2 Std.*

20,5 km Vom Parkplatz der Destille wendest du dich nach rechts, durchfährst den Flecken Stauning und folgst der Straße nach Ringkøbing. Mitten im Ort biegst du am blauen Schild Lystbådehavn nach links und erreichst den Autocamperplatz am Sporthafen des Fjords (▶ S. 43).

Spot 2 **Ringkøbing Fjord**
Lustwandeln zwischen Fjord und wilder See ▶ **S. 40**

42 km Fahre zur Küstenstraße 181 und wende dich nach Norden, bisweilen von einer Dünenwand begleitet. Parkplätze wie am **Bjerghuse Camping** *(GPS: 56.323135, 8.124161)* laden zu Strandgängen ein – dieser mit pittoresken Kleinbunkern. Dann erreichst du das moderne Strandungsmuseum.

Strandingsmuseet St. George

Spannende Architektur und ebensolcher Inhalt! Die Gefährlichkeit der Küste wird am Schicksal der englischen Linienschiffe „St. George" und „Defence" gezeigt, die 1811 strandeten – fast 1400 Seeleute starben. Digitale Meeresbodenfauna, Schubladen mit eingebauten Audiogeschichten und ein um das vertikal präsentierte Ruder der „St. George" gebauter Turm sind Highlights. Draußen wartet eine Sandfläche mit Schiffselementen als Spielplatz.

i Tgl. 10–17 Uhr | 95 DKK, Kinder frei | Vesterhavsgade 1E | Thorsminde | strandingsmuseet.dk

41 km Weiter geht's auf der traumhaften 181 bis zur Fähre von Thyborøn nach Agger. Auf etwa halbem Weg lockt das rote Leuchtturm-Ensemble **Bovbjerg Fyr** bei Ferring zu Halt und Steilküstenblick *(GPS: 56.513169, 8.119670)*.

Insider-Tipp
Abseiling zum Strand

Ein verpflocktes Seil bietet einen aufregenden Abstieg zum Fuß der Steilküste am Leuchtturm (GPS: 56.513374, 8.117749).

Thyborøn-Agger-Færgefart

Der Thyborøn-Kanal ist ein durch Unwetter entstandener Küstendurchbruch. Die Überfahrt dauert wenige Minuten.

i Tgl. 6–18, im Sommer bis 21 Uhr, meist alle 40 Min., sonst nur zur vollen Stunde | Womo 300 DKK | thyboronagger.de

50 km Der Küstenhighway 181 lässt dich zunächst durch eine fast beklemmende Küstenenge schlüpfen. Bald wird es lieblicher und weniger schnurgerade. Von Agger bis Hanstholm bist du im **Nationalpark Thy** unterwegs. Klitmøller ist das ideale Verweilziel.

Spot 3

Klitmøller
Cold Hawaii – herzerwärmende Enklave für Wellenreiter ▶ S. 44

15 km Küstennah durchsticht die 181 die flachen Dünen und führt dich in Hanstholm schnell zum Bunkermuseum.

Festungsanlage Hanstholm

Die Geschützrohre vor der 1940 erbauten Anlage zeigen, dass es hier um Feuerkraft und Reichweite ging. Zusammen mit der Schwesteranlage im norwegischen Kristiansand wollte die deutsche Marine den Skagerrak kontrollieren. In der Bunkerruine wird ganz undigital der Festungsalltag beschrieben. Für Filmfans: Eine Drehortefibel zur dänischen Kriminalklamotte „Die Olsenbande fährt nach Jütland" aus dem Museumsshop klärt darüber auf, was wo gedreht wurde (bunkermuseum hanstholm.dk/de).

44 km Die Route verlässt als 26 die Küste, geht in die 29 und schließlich in die 569 über. In Vester Torup biegst du jedoch küstenwärts zum Thorup Strand ab.

Thorup Strand

Der einzige gewerblich noch aktive Ort, an dem Fischkutter in althergebrachter Weise mit Winden zu Wasser und mit Traktoren auf den Strand gezogen werden. Meist steht hier ein Teil der 20 aktiven Kutter auf dem Kiel. Im **Restaurant Fiskehus** *(tgl. 11–16 Uhr | €–€€)* verzehrst du sehr leckere Fish 'n' Chips mit Blick auf die Flotte.

Das Treiben um die Kutter bietet tolle maritime Fotomotive – mit Weitwinkel oder leichtem Teleobjektiv.

79 km Vom Strand weg folgst du der Beschilderung nach Klim Strand, fährst durch mit Büschen bedeckte Dünenlandschaft bis kurz vor Fjerritslev. Beim Schild „Ridecenter" biegst du links ab in den Udklitvej, kurz danach wieder links Richtung Slettestrand. Die Straße heißt nun Kystveien, von der du an der Beschilderung nach links zur breiteren Straße 55 abbiegst. Du folgst ihr bis zum Strandort Løkken und weiter, bis du kurz hinter Vittrup ein Schild nach Nr. Rubjerg entdeckst. Den Abzweig nehmen und bis zum Parkplatz für den Leuchtturm Rubjerg Knude rollen *(GPS: 57.452658, 9.796282).*

Rubjerg Knude Fyr

Wegen seiner Lage an der von den Elementen angenagten Küste wurde der Leuchtturm 2019 für fünf Millionen DKK auf Schienen gesetzt und 70 Meter versetzt. Das verspricht Sicherheit für 30 Jahre. Nach ca. 20 Min. Fußweg erreichst du den einsamen Turm auf einem Sandhügel.

Wer schießt das kreativste Selfie mit Turm? Tipp: Sand fließt so schön durch die Hände!

70 km | Nach 70 km über die 55 und 597 erreichst du Skagen.

Ziel & Spot 4

Skagen
Wo sich die Meere treffen ▶ **S.60**

Optionaler Anschluss: Tour B

IM HOHEN NORDEN

An der dänischen Küste kann man aus ganz unterschiedlichen Perspektiven die Aussicht genießen.

Spot 1

Ribe & Nationalpark Wattenmeer

Am Gezeitensaum ist der Dom zu Ribe ein Ruhepol

Ribe mit seinem Dom mimt stolz Urbanität am Rand des Weltnaturerbes. Der weite Strand der Insel Rømø ist die aufregende Meerseite des Nationalparks, Ziel für Familien und Aktive im Wind zugleich. Nach Mandø kommst du nur bei Ebbe, wie auch zum Austernpflücken und -naschen im Schlick mit Wattführern. Ein Weingut-Dinner und der Besuch im ehemaligen Domizil von Walfängern runden den Besuch ab. Nachts parkst du dort, wo das Watt leise schmatzt.

P *Großer Parkplatz mit Autocamperbereich in Fußweite der Altstadt | GPS: 55.324732, 8.757805*

SCHLICK FÜR SCHLEMMER

Vor Ribe tummeln sich zu viele pazifische Austern – sattessen erlaubt.

AKTIVITÄTEN & SIGHTSEEING

1 Im Vadehavscentret was übers Watt lernen

Das tolle Wattenmeerzentrum vermittelt, warum sich 15 Millionen Zugvögel an der Küste wohlfühlen. Buche eine Austernpirsch im Schlick. Dabei hilfst du, den fatalen 70 000-Tonnen-Berg eingeschleppter pazifischer Austern schmausend abzubauen. Ausflüge zu Seehunden, Austernpirsch und ab Herbst geführte Beobachtung von Starenschwärmen (Sort Sol – Schwarze Sonne). ***Infos:*** *Nov.–April tgl. 10–16, Mai–Okt. 10–17 Uhr | 140, Kinder 50 DKK | 4-km-Austernwanderung 398, bis 13 J. 165 DKK | Okholmvej 5 | Vester Vedsted | vadehavscentret.dk/de/gefuehrte-touren/tourkalender | 2 Std.*

2 Auf Rømø die Weite genießen

Tagesausflug zu Rømøs enormen Sandflächen. Hast du die legere Nachbarinsel von Sylt gefühlt im Tiefflug über den 12-km-Damm erreicht, rollst du weiter geradeaus zum Lakolk-Strand, den du mit deinem Womo befahren darfst. Kitesurfer- und Drachenfest-Terrain! Den Strandtag auf der Insel ergänzt ein Besuch des musealen Kommandeurshofs, auf dem Schiffskommandanten wohnten, also Walfänger & Co. ***Infos:*** *Strand 38 km südwestl. von Ribe; Kommandørgård, Juvrevej 60 | Rømø | Juni–Sept. Di–So 10–17, sonst bis 15 Uhr | 50 DKK, Kinder frei | GPS: 55.166430, 8.554910 | natmus.dk/museer-og-slotte/nationalmuseets-kommandoergaard* ***Parken:*** *GPS: 55.145831, 8.496276 (Lakolk)*

3 Durchs Watt zur Insel Mandø zockeln

Die gut 3 mal 2 km große Insel war einst eine Hallig. Der Schutzdeich, plus der nur bei Kenntnis von Wind und Tide befahrbare Låningsvej und der nur von „Traktorbussen" navigierbare Ebbevej sind heute Zugeständnisse der 30 Insulaner an Erreichbarkeit. ***Infos:*** *Mandø-Bus Mai–Okt. nach Plan ab Vadehavscentret, Vester Vedsted | 75, Kinder 25 DKK | reservieren, keine Kreditkarten vor Ort | mandoebussen.dk | Fahrradmiete 40 DKK | 4 Std.*

4 Sich abends von Ribe verführen lassen

Gut 500 Jahre lang wachten Nachtwächter in Ribe über den Schlaf der Bürger im

REGENTAG – UND NUN?

5 In Ribe in zwei Museen und einen Dom gehen

Die **Ribe Domkirke** ist die älteste Domkirche des Landes und sowohl außen als auch innen sehenswert. Zwei Minuten davon entfernt liegen direkt nebeneinander zwei Museen über **Hexen** und **Jacob A. Riis.** Letzterer wanderte 1870 von Ribe nach Amerika aus und wurde weltbekannt für seine Sozialfotografie. ***Infos:*** *Dom: Sommer tgl. 10–17.30 Uhr, sonst kürzer | 25 DKK | Torvet 19 | Ribe; HEX! Museum of Witch Hunt und Jacob A. Riis Museum | tgl. 10–17 Uhr |Sortebrødregade 1 | Ribe | Kombiticket 155 DKK, Kinder frei*

Schatten des Doms. Die kostenlose 45-Minuten-**Nachtwächterführung** (auf Englisch) startet am Gasthaus Weis Stue. ***Infos:*** *Mai–Okt. Mo–Sa 20, Juni–Aug. auch 22 und Fr, Sa 16 Uhr*

ESSEN & TRINKEN

6 Weis Stue

In Dänemarks ältester Stadt speist du natürlich traditionelle Gerichte. Die sind in so authentischer Atmosphäre aufgetischt, dass du den Innenhof oder die heimeligen Stuben nicht verlassen magst; eigentlich willst du sogar in eins der sieben urigen Fremdenzimmer ziehen. ***Infos:*** *Tgl. 11.30–20.45 Uhr | Torvet 2 | Ribe | Tel. +45 75 42 07 00 | weis-stue.dk | €€*

7 Vester Vedsted Vingård

Herausragende Menüs mit lokalen, ökologisch produzierten Zutaten werden von eigenem Wein und Bier begleitet. Leichtes zum Lunch, drei Gänge zum Dinner. Sehr herzlich. Reservieren! ***Infos:*** *Do–Sa 10–22, So 10–17, Mo 12–17 Uhr | V Vedsted Vej 64 | Ribe | Tel. +45 52 34 09 03 | vvvingaard.dk | €€–€€€*

Insider-Tipp
Grüne Fee

Noch nie Absinth probiert? Hier wird er sogar selbst produziert.

8 Nationalmuseets Kommandørgård Café

Rømøs nettestes kleines Café. Zimtgeruch verführt zum Verzehr selbst gebackener Teigwaren. ***Infos:*** *Di–So 10–15/*

STRAND-PARKING

Am Autostrand Lakolk ist das Parken tagsüber erlaubt, Übernachten geht aber nicht.

16 Uhr | Juvrevej 60 | Rømø | Tel. +45 74 75 52 76 | €

9 Lakolk Butikscenter

In Steinwurfweite vom Strand bietet die Ladenzeile mit Parkplatz und öffentlicher Toilette kulinarisch ein Eiscafé, einen Imbiss-Stand und eine Pizzeria. Einen Supermarkt gibt's auch. ***Infos:*** *Tgl. 11.30–20.30 Uhr | Rømø | €*

STELL- & CAMPINGPLÄTZE

10 Freies Stehen am Watt

Der Parkplatz am Ende des Mandøvej ist der Beginn des gut 2 km langen Ebbevej nach Mandø, der kürzeren Wattstrecke nach Mandø. Du stehst sehr ruhig am Wasser auf Rasen oder Pflaster bei einer alten Sturmflutsäule aus Eichenholz. Vadehavscentret 1,3 km, Ribe 12 km.

Vandhøjde Mandøveien

Frei | Vandhøjde Mandøveien | Vester Vested
GPS: 55.295905, 8.655648

- **Größe:** *8 Stellplätze*
- **Ausstattung:** *Keine*

11 Campingplatzidyll an Watt und Fluss

8 km westlich von Ribe liegt der Platz am Nordseeufer. Freundliche Betreiber. Mit großem Restaurant. Strandkörbe mit Tisch und Bänken. Sehr entspannt. An der Schleuse zwischen dem Flüsschen Ribe und dem Wattenmeer.

Campingplatz Kammerslusen

€€ | Bjerrum Vej 34| Kammerslusen
Tel. +45 92 44 34 43 | kammerslusen.dk
GPS: 55.338609, 8.677663

- **Größe:** *28 Stellplätze*
- **Ausstattung:** *Komplett*

12 Preiswert Campen auf Rømø

Der Familiencampingplatz (€€€) im Inselosten hat einen einfachen Kurzcamperplatz (1 Nacht, bis 11 Uhr) nebenan.

Rømø Familiecamping

€ | Vestervej 3 | Toftum, Rømø
Tel. +45 74 75 51 54 | de.romocamping.dk
GPS: 55.162934, 8.548215

- **Größe:** *15 Stellplätze*
- **Ausstattung:** *Strom zukaufen, Entsorgung möglich*

Spot 2

Ringkøbing Fjord
Lustwandeln zwischen Fjord und wilder See

Der 30 km lange und 12 km breite Fjord ist ein flacher Brackwassersee mit Schleusentor zum Meer in Hvide Sande. Zwischen den Gewässern verzaubert die Nehrung Holmsland Klit mit Dünenheide plus Sommerhäusern. Vom Leuchtturm verschaffst du dir Überblick. Seeluft und Gegend machen Lust auf Bewegung ohne Womo, die du beim Radeln, Bernsteinsuchen und Wasserskifahren stillen kannst. Søndervig lockt mit Sandskulpturen, Ringkøbing dagegen mit Hygge und Witz.

P *Kostenloser Parkplatz am Hafen Ringkøbing | GPS: 56.088595, 8.240643. In Hvide Sande parkst du bei Røgeri und Baggeri (▶ S. 42)*

FLÜCHTIGE KUNST

Søndervigs Sandskulpturen zerfallen nach dem dänischen Sommer.

AKTIVITÄTEN & SIGHTSEEING

1 Auf den Lyngvig Fyr steigen

Der Lyngvig Leuchtturm, 5 km nördlich von Hvide Sande, erhebt sich wie eine riesige Zuckergussstange. Deren Spitze erreichst du nach 228 kreiselnden Stufen, dort entlohnt dich für die Mühe der Blick aus 53 m Höhe auf das Gewoge aus Dünen, Nordseewellen und Fjord bestens. Oder macht dich schwindlig. Mit kleinem Museum über den 1906 gebauten Turm. ***Infos:*** *Tgl. 10–17 Uhr | 75 DKK, Kinder frei | Holmsland Klitvej 109 | levende historie.dk*

Insider-Tipp **Mutprobe** *Von Juli bis Oktober kannst du dich mittwochs (ab 16 Uhr) vom Leuchtturm abseilen (ab 14 J. | 395 DKK).*

2 Zwischen Fjord und Nordsee radeln

Die Dünenzunge **Holmsland Klit,** die den Fjord vom Meer abgrenzt, mit dem Rad erobern! Radfahrer sind klar im Erlebnisvorteil, wenn sie zwischen Søndervig und Hvide Sande (30 km Rundweg, 4 m Steigung!) oder auch nach Ringkøbing Touren machen. Den Leuchtturm für die Übersicht einplanen! ***Infos:*** *Checke 354 Routen unter bikemap.net/de/l/2619537*

3 In Søndervig Sandskulpturen fotografieren

In Søndervig, dem Mekka von Westjütland, weil hier dem ersten Badehotel (1884) das erste Sommerhaus folgte, haben sich die Buddelprofis in den Sand eingegraben. So kommt es dir auf jeden Fall vor, wenn du vor riesigen Sandwänden stehst, die sich als Skulpturenpark entpuppen. Menschen, Tiere, Sensationen, geformt von 40 Künstlern, die einer 200 m langen und 7 m hohen Sandwand Lebendigkeit verleihen. In einem Sandkasten können Familien dann selbst künstlerisch tätig werden. Picknicktische sind vorhanden. ***Infos:*** *Mai–Aug. 10–18, sonst 10–17 Uhr | 90, Kinder 40 DKK | sandskulptur.dk | 1–2 Std.*

4 Das Gold des Meeres suchen

Die Leute vom Jytland-Aquarium aus Thyborøn veranstalten Naturtrips entlang der Küste. In Hvide Sande geht's vom Omhu (▶ *S. 42*) aus auf **Bernsteinsafari** – mit Fundgarantie. Fast wie Goldsuchen. ***Infos:*** *Zeiten im Monatskalender auf der Website | ab 99 DKK | jyllandsak variet.dk | ab 1,5 Std.*

REGENTAG – UND NUN?

5 Wasserski im Kabelpark probieren

Mit Neopren stört Regen überhaupt nicht! Wer das Wasserskifahren versuchen möchte, wird ausgerüstet, auf die Startrampe platziert und hängt sich mit den Händen an einem Kabelparcours über wellengeschütztem Wasser ein. Für Fortgeschrittene gibt's Hindernisse. ***Infos:*** *Meist tgl. 12–17 Uhr (Website checken!) | Teaser 350 DKK für 1,5 Std. | Gytjevej 15 | Hvide Sande | kabelpark.dk*

ESSEN & TRINKEN

6 Sandgården Søndervig

Das von außen an einen zweistöckigen Wintergarten erinnernde Restaurant nimmt einen Topplatz in der Westjütland-Gastronomie ein. Mehrgängige Menüs, Tagesfisch und französische Gerichte laden ein, es gibt auch richtig gute Take-Aways. ***Infos:*** *Di–So 12–23 Uhr | Badevej 12 | Søndervig | Tel. +45 97 33 83 99 | sandgaarden.dk | €€–€€€*

7 Havnens Røgeri und Hvide Sande Baggeri

Rund um den Parkplatz im Zentrum gibt's typische süße Backwaren in der Baggeri, daneben wird's im Fischhandel herzhaft und rauchig. Tische für den Sofortverzehr vorhanden. Travellertreff. ***Infos:*** *Fischladen Mai–Sept. tgl. 9–18 Uhr, sonst kürzer | Strandgade 9; Bäckerei Mai–Sept. Mo–Fr 6–17, Sa, So 6–16 Uhr | Fyrvej 10 | Hvide Sande | €*

8 Twenty twenty coffee

Sie Barista, er Abenteuersportler, beide Surfer und Weltenbummler aus Tschechien, erfüllten sich den Traum vom besten kleinen Kaffeehaus Westjütlands. Toller *Cortado*. Holzdeck hintenraus. ***Infos:*** *Tgl. 10–16 Uhr | Strandgade 5 | Hvide Sande | twentytwentycoffee.dk | €*

EINKAUFEN

9 Omhu

Ein Surferpaar firmiert in einer Halle, in der sie tonnenweise gesammeltem maritimem Plastikabfall neues Leben einhauchen. Zu den ungewöhnlichen nachhaltigen Souvenirs gibt's guten Kaffee

VIS-À-VIS

Im Sportboothafen von Ringkøbing sind Womos und Jachten direkte Nachbarn.

und Eiscreme. Bernsteintouren starten hier. ***Infos:*** *Juni–Aug. tgl. 11–16 Uhr, sonst kürzer | Metheasvej 11 | Hvide Sande | om-hu.dk*

STELL- & CAMPINGPLÄTZE

10 Typischer Womostellplatz am Hafen

Der Sportboothafen-Stellplatz in Ringkøbing ist der Schlafplatz der Wahl am Fjordufer, also nicht am Meer. Das Städtchen ist pittoresk und vom Architekten Ulrich Plessner teilweise wie aus einem Guss gestaltet. Skurriles Highlight unweit vom Hafen ist eine Ungleichheit und Rassismus karikierende Figur von Jens Galschiøt: „Survival of the fattest" – eine dicke weiße Frau auf den Schultern eines hageren Afrikaners.

Autocamper Ringkøbing

€ | Lystbådehavn | Fiskestræde 60 | Ringkøbing
GPS: 56.086427, 8.240753

▶ **Größe:** *20 Stellplätze, teilweise auf Rasen*
▶ **Ausstattung:** *Komplett, Strom. Fischimbiss 2 Min. entfernt*

11 Recht zentraler Parkplatz windgeschützt hinter Dünen

Großer Schotterparkplatz hinter hohen Dünen. Kleiner Surfladen mit Mietmöglichkeit. Über die Düne direkt zum Südstrand. Auf der Düne Tische mit Meerblick.

Womostellplatz Hvide Sande Süd

€ | Tungevej 7 | Hvide Sande
GPS: 55.997364, 8.121924

▶ **Größe:** *30–35 Stellplätze*
▶ **Ausstattung:** *Kein Strom, sonst komplett*

12 Versteckter Parkplatz mit Fischgeschäft

Den kleinen Parkplatz findet, wer am Südende der Schleusenbrücke links dem Fischgeschäft-Zeichen folgt. Wuseliges Industriegebiet, aber der nette Fischladen Slusen's Fisk Røgeri hat wunderbare Fish 'n' Chips aus Lachs (€).

Autocamper Holdeplatz

€ | Beddingsvej 47 | Hvide Sande
GPS: 56.001994, 8.134481

▶ **Größe:** *10 Stellplätze, bis 20 Uhr kostenfrei*
▶ **Ausstattung:** *Toiletten, Duschen, Entsorgung, kein Strom*

Spot 3

Klitmøller

Cold Hawaii – herzerwärmende Enklave für Wellenreiter

Zwischen dem Nationalpark Thy und den Riffen des Skagerrak orientiert sich der weitläufige 800-Seelen-Ort zum Meer. Er genießt einen weltweiten Ruf als kaltes Surferrevier, insbesondere bei wettkämpfenden Windsurfprofis. Das Ambiente ist weniger szenig als herzlich. Du kannst innehalten und endlich mal einen Kurs auf einem Brett in den Wogen wagen, in Wald und Heide wandern und zu den nahen Fossilienfunden am Limfjord abschweifen.

P *Größter Parkplatz im Zentrum am Strand | Ørhagevej 150 | Klitmøller | GPS: 57.043282, 8.482905*

SCHWITZEN AM STRAND

Die kleine Sauna am Strand von Klitmøller kannst du mieten – etwa zum Après-Surf.

AKTIVITÄTEN & SIGHTSEEING

1 In Vorupør in Meer und Infos baden

Der Küstenflecken genießt bei Surfern einen ähnlichen Ruf wie Klitmøller. Wenn du weder surfen noch dich in die Nordseewellen stürzen magst, kannst du in einem großen abgetrennten **Meerschwimmbad** neben der Mole jederzeit baden. Auf dem Strand liegen aufbereitete, typische Fischerboote. Kongenial in eine Düne eingepasst ist seit 2021 das **Infozentrum** für den 2008 entstandenen **Nationalpark Thy.** ***Anfahrt:*** *13 km südlich von Klitmøller, dann 1 km von der Küstenstraße 181 westwärts.* ***Infos:*** *Nørre Vorupør Havbad | frei; Nationalparkcenter Thy | frei | Juli–Aug. 10–17, sonst 11–15/16 Uhr | Vesterhavsgade 168 | Vorupør*

Insider-Tipp
Wilde Natur ganz in Ruhe

Das enorme Landschaftsmodell im Nationalparkcenter gibt Thy-Überblick plus zwölf Stories über natürliche Highlights.

2 Surfen lernen in Cold Hawaii

Keine 1000 Einwohner hat Klitmøller, aber zwei Surfschulen nah beieinander, eine dänisch, die andere polynesisch geführt. Die Wellen brechen dicht am Ufer – für Anfänger ideal, auch fürs Wind- oder Kitesurfen. Das geht das ganze Jahr über. Bei Flachwasser schwing dich aufs SUP. Sogar ruhige Schwimmecken gibt's. ***Infos:*** *Surfboard-Verleih ab 200 DKK (2 Std.), Wetsuit ab 100 DKK, Kurs ab 449 DKK (3 Std.) | de.westwind.dk | coldhawaiisurfcamp.com*

3 Wanderung im wilden Nationalpark Thy

Wer vom Rauschen der Wellen genug hat, geht im Thy-Hinterland wandern. Zwischen zwei Seen nur 15 Minuten östlich von Klitmøller warten Wasser, Wald und Heide entlang einer 12-km-Strecke. ***Anfahrt:*** *575 Richtung Thisted* ***Infos:*** *Wanderparklatz am Nors Sø | GPS: 57.028097, 8.59258*

4 Am endlosen Strand spazieren

Einfach mal Wind, Sonne und Einsamkeit bei der Wanderung über Strand und Dünen genießen, etwa in Richtung Hanstholm (9 km). ***Parken:*** *Parkplatz Splittergab mit Toilette | GPS 57.047576, 8.507885*

REGENTAG – UND NUN?

5 Regen? Sauna!

Die fassrunde kleine **Sauna von WestWind** steht direkt an der Hafenfront – ideal für den Wolkenbruch. Im WestWind-Laden am Hafen buchen, Holz im Supermarkt kaufen, reinsetzen und die Aussicht durch die getönte Scheibe genießen. ***Infos:*** *Tgl. | 2 Std. Saunamiete 200 DKK, Holz 100 DKK | Parkplatz Klitmøller Strand*

ESSEN & TRINKEN

6 Juliette Bistro & Vinbar

Feinen, ganz neuen Stil für den kleinen Sandplaneten Klitmøller bietet Juliette (mit Mads), die in Aarhus ein erfolgreiches Bistro führt, aber auch an der raueren Küste. Französisch inspiriert. Fisch und veganes Gericht des Tages, *Poulet roti*. Französische Käsesorten zum Dessert. Sehr charmant auch die Takeaways. ***Infos:*** *Do–Sa 11–23, So 9.30–23 Uhr | Ørhagevej 147 | Klitmøller | Tel. +45 22 40 86 50 | juliette.dk/klitmoeller | €€*

7 Kesses Hus

Nettes Café mit coolen Bänken drinnen und großem Tisch draußen. Auf der Speisekarte stehen Galettes (mit frischem Fisch) und Crêpes, lokales Bioeis und Biobier von der Insel Fur. ***Infos:*** *Ab Ostern meist tgl. 12–20 Uhr (Website checken) | Bavnbak 4 | Klitmøller | kesseshus.dk | €–€€*

8 Haandpluk Kaffebar og delikatesse

Von allem etwas und das ziemlich gut: Weinbar (ungefiltert), Bier mit eigener Nanobrauerei, Tapas, belegte Brote, guter Kaffee. Witzig sind die individuellen Bierdosen und Fischkonserven. Die lockere Stimmung lädt ein zum Verweilen. Sparsam geöffnet. ***Infos:*** *Fr, Sa 12–18 Uhr | Vestermøllevej 18 | Klitmøller | haandpluk.dk | €*

DUSCHE MIT RETRO-FEELING

Die Waschräume auf dem Nystrup Campingplatz wecken Lust aufs Roadmovie.

EINKAUFEN

9 WestWind

Schöne Erinnerung an die Surfküste sind T-Shirts mit witzigem und fast kultigem Design (auch mit Wohnmobil vorne drauf), die der jütische Designer WestWind in seinen Shops, hier in Klitmøller und Vorupør, verkauft. ***Infos:*** *Tgl. 9–18 Uhr | Ørhagevej 150 | Klitmøller; Hawblink 4 | Vorupør | westwind.dk*

STELL- & CAMPINGPLÄTZE

10 Schöner, offizieller Campingplatz

Der einzige Campingplatz in Klitmøller ist sehr ansprechend mit Parzellen und Einfassungen durch Stauden gestaltet. Du campst in freundlichem Ambiente am Südrand des Ortes. Morgens gibt's Croissants im Laden der netten Eigner. Mit preisgünstiger Quickstopwiese ab 20 Uhr.

Nystrup Camping & Cottages

€€ | Trøiborgvej 22 | Klitmøller
Tel. +45 97 97 52 49 |
nystrupcampingklitmoller.dk
GPS: 57.033149, 8.478920

- **Größe:** *Über 400 Stellplätze | 25 Hütten*
- **Ausstattung:** *Komplett*

11 Campingplatz mit Dünencharme

Du stehst wegen der Dünentopografie vielleicht etwas eng, dafür hast du Meerschwimmbad, Nationalparkcenter, fotogene Boote und den tollen, breiten Sandstrand nahebei. Am Meeressaum entlang läufst du 3 km südwärts bis zum Fischereilandeplatz Stenbjerg oder nur 2 km bis zu einem abgelegenen Dünenparkplatz *(GPS: 56.938041, 8.348220).* Einchecken schon 800 m vorher im Supermarkt an der Kirche *(Vesterhavsgade 44).*

Vorupør Camping

€€€ | Vesterhavsgade 93 | Nørre Vorupør
Tel. +45 97 93 80 22 | vorupoercamping.dk
GPS: 57.035712, 8.468600

- **Größe:** *105 Stellplätze*
- **Ausstattung:** *Komplett, evtl. kein WLAN*

IN ZWEI MEEREN BADEN

Bei Skagen stoßen Nord- und Ostsee malerisch aufeinander.

Tour B

Jütlands magische Ostseeküste
Von Skagen zur Insel Mors

Start & Spot **4** **Skagen** ▶ S. 60

233 km

Spot **5** **Ebeltoft** ▶ S. 64

68,7 km

Spot **6** **Aarhus** ▶ S. 68

195 km

Ziel & Spot **7** **Insel Mors** ▶ S. 72

Letzte Nordseewellen branden im Künstlerort Skagen an, schon mit Ostsee vermischt. Aus rauer Dünenheide gelangst du an die schmalen Strände des Kattegat. Deren Magie bleibst du treu, nutzt abgelegene Fährensprünge. Streifzüge über die Halbinseln Himmerland und Djursland verschlagen dich ins malerische Ebeltoft. Kleinteilig wird's beim Durchkurven des Nationalparks Mols Bjerge ins modern-kunstsinnige Aarhus. Landeinwärts schlägst du den Bogen zu Austern und Fossilien der Insel Mors am Limfjord.

Strecke 496,7 km

Reine Fahrzeit 10 Std.

Streckenprofil Flache gute Straßen, nur wenige einspurige schmale Stücke

Empfohlene Dauer
5–7 Tage

Anschlusstour
A C

FACTS

Tour B im Überblick

Tour-Highlights

Auf der Wanderdüne *Råbjerg Mile* herumtollen ▶ **S. 52**

Die Ozeanwelt im *Kattegatcentret Grenaa* auf dich wirken lassen ▶ **S. 55**

Jeden Winkel der alten Fregatten Jylland in *Ebeltoft* erstöbern ▶ **S. 65**

Vom Regenbogen-Umgang im ARoS auf *Aarhus* blicken ▶ **S. 69**

Auf der Limfjord-Insel *Mors* nach Fossilien buddeln ▶ **S. 73**

B Tourenverlauf

LOS GEHT'S!

Start & Spot 4

Skagen
Wo sich die Meere treffen ▶ S. 60

Optionaler Anschluss: Tour A

17 km In Skagen findest du problemlos die Straße 40 – einzige Verkehrsader durch Jütlands Nordzipfel. Sie verläuft oft schnurgerade und führt zunächst zentral über die hier nur etwa 3 km breite nördliche Landzunge zwischen Nord- und Ostsee. Der Untergrund ist recht sandig und hat einen Höhepunkt: Folge nach knapp 20 Minuten Fahrt in einem Kreisverkehr dem Schild Råbjerg Mile nach rechts.

Råbjerg Mile

Du wähnst dich am Meeresufer, aber die größte Düne Dänemarks bricht mitten aus der Dünenheide als solitärer Sandhügel heraus. Das wüstenhafte Nichts steigt bis zu 40 m an und erlaubt dir, hüben wie drüben die Küste zu erahnen. Die Sandwellen verraten, dass es eine Wanderdüne ist, und es stellt sich ein Hauch Namibia-Feeling ein.

P *GPS: 57.654064, 10.408227*

33 km Fahre zurück zur 40 und wende dich nach Süden. Über Aalbæk und Elling erreichst du die Hafenstadt Frederikshavn. Recht zentral biegst du am Rema Supermarkt und einem runden Türmchen nach links Richtung Nordhavn ab.

Frederikshavn

Schnell bist du mitten im Fährhafen, von dem die großen Pötte nach Schweden und Norwegen ablegen – hier kannst du parken. Eine kleinere Fähre setzt zur Insel Læsø über. Grund genug, sich das Treiben anzusehen und zu fotografieren.

Insel Læsø
Oder du setzt nur mit dem Fahrrad nach Læsø über. Die Insel, 21 mal 12 km klein, war vor 3000 Jahren noch Festland und ist bekannt für ihr abgebautes heilsames Siedesalz und noch etwa 20 Häuser, die mit Seetang gedeckt sind.

Læsø-Fähre | Fahrt 100 Min. | 25. Juni–7. Aug. Fußgänger, Fahrrad 39, Womo ab 595 DKK | laesoe-line.dk

Bangsbo Botaniske Have
Nur 3 km weiter südwestlich – nimm die E 45 und die 585 Richtung Bangsbo – liegt am Stadtrand mit dem Bangsbo Botaniske Have ein schöner Landschaftsgarten im englischen Stil mit 200 Rosenarten, vielen Kräutern und Rhododendren.

Dr. Margarethes Vej 3 | Frederikshavn | immer geöffnet, Eintritt frei | bangsbobotaniskehave.dk | 1 Std.

92 km Zurück zur autobahnartig ausgebauten E 45 (130 km/h), die du aber bald an der Ausfahrt Sæby gegen die 180 eintauschst. Du reist auf der dem Ostseeufer folgenden Straße bis nach Sæby, wo du auf die 541 Richtung Hals wechselst. Geruhsam gleitest du durch kleine Siedlungen, Verkehr ist rar. Einfahrten sind mit Findlingen markiert. Im Mai/Juni bilden blühender Raps, blauer Himmel und die Ostsee ein gelb-blaues Farbtableau. Vorsicht vor steilen Bodenschwellen in Örtchen wie Gera und Hou! Schneller als 50, 60 km/h wirst du auch nicht fahren mögen, so entspannt gestaltet sich die Etappe. Wenn du kurz vor Hals siehst, dass der Abzweig nach Aalborg 31 km nach Westen bedeutet, wählst du lieber die kleine Flussfähre Hals-Egense, um an der Küste zu verweilen *(Mo–Fr. 6.30–23, Sa, So 8–23 Uhr |*

WÜSTENAURA

Die enorme Wanderdüne Råbjerg Mile toppt die Heidelandschaft im Norden Jütlands.

OZEANISCHE INSPIRATIONEN

Wie die Schreibstube des Abenteurers Troels Kløvedal mutet ein Eckchen im Kattegatcentret von Grenaa an.

Fährfahrt 5 Min. | ab 109 DKK | Kartenzahlung vor Zufahrt | aalborg.dk/mit-liv/trafik-og-parkering/trafik-og-veje). Ab Egense wird's noch beschaulicher, die Route 541 lehnt sich dicht an die teilweise naturgeschütze Ostseeküste an. Auf halber Strecke nach Als gönnst du dir auf einem großen Parkplatz eine Pause, gehst die paar Schritte zum Strand oder läufst durch den Tunnel unter der 541 hindurch zu einem Vogelbeobachtungsturm – als **Tofteskovtårnet** verzeichnet *(GPS: 56.830283, 10.269877)*. Der Blick zum Kattegat fällt auf einen typisch schmalen, aber schier endlosen Sandstrand. Wenn du in Als angekommen bist, nimmst du eine Rechtskurve durchs Örtchen und schweifst dann in Richtung Odde (6 km) nach links ab. Am Ende dieser Sackgasse kommst du zum **Mariager Fjord,** wo der örtliche Wasserskiclub eine Station hat und das **Hillbilly Café** *(Sommer Mi–So 10–20 Uhr | Als Oddevey 98 | facebook.com/alsoddegrill | €)* tolle Chili-Burger serviert. Hier scheint die Welt aufzuhören. Du steuerst nach Als zurück und nimmst von dort zunächst die 541, ab Hadsund am Mariager Fjord die 507 Richtung Udbyhøj und wechselst dann auf die 531. In Udbyhøj Nord erreichst du den Randers Fjord.

Udbyhøj Kabelfærge

Der kurze Fährtrip (tgl. bis 17.50 Uhr) dauert eine Minute. Das Schiff wird ohne eigenen Vortrieb an Kabeln hin- und hergezogen. Am anderen Ende heißt der Anleger Udbyhøj Sud. Auf dem großen Schotterplatz dort kannst du übernachten *(€ | Strom, Wasser, Dusche).*

i Fährfahrt 140 DKK | Mai–Aug. 7–19.50, sonst 7–17.50 Uhr | randersfjord-faerger.dk

55 km Nimm die 531 wieder auf, biege aber direkt vor dem Ortsausgang von Udby nach links in den Estruplundvej. So steuerst du weiter küstennah südwärts. Über Ingerslev, Estruplund und Hevring gelangst du nach Vivild, wo du nach links auf die 547 Richtung Fjellerup abbiegst. In Fjellerup ist Grenaa ausgeschildert. Kurz vor Greena stößt du auf die Straße 16, die dich zum Kattegatcentret bringt.

Kattegatcentret Grenaa

Hier legen große Fähren nach Halmstad/Schweden ab, außerdem eine kleine Fußgängerfähre zur Insel Anholt. Das Kattegatcentret ist ein stattliches Aquarium. In teils enormen Becken mit vielen Einsichtwinkeln beobachtest du die Unterwasserfauna des Kattegat, aber auch tropische Haie und Stachelrochen scheinen zum Greifen nahe. Es gibt sogar Kuschelecken mit Kissen und sanfter Musik, um in den Flow der Unterwasserwelt einzutauchen. Spannend ist die Beschreibung des Lebens von Segler, Abenteurer, Autor und ozeanischem Träumer Troels Kløvedal (1943–2019). Wissenschaftlich hat sich das Zentrum der Algenforschung und der Zucht von Kelp verschrieben. Jeden Tag läuft ein Programm mit Fütterungen und Aktivitäten – dazu gehört auch das Tauchen im Tank!

i Tgl. 10–16 Uhr | 185, Kinder 105 DKK | Færgevej 4 | Grenaa | kattegatcentret.dk | 3 Std.

P Am Center kostet das Parken 25 DKK.

Insider-Tipp
Kelp-Tang knabbern

Ein Schmankerl für Kochbuch-Fans im Shop: Das Buch „Nordisk Tang" widmet sich der pflanzlichen Küche aus dem Meer.

7 km Fahre die 16 ein Stück zurück und biege bei Autohäusern links ab auf die 15 in Richtung Aarhus. Nach knapp 1 km parkst du beim Hofladen Høbjerg.

Høbjerg Gartneri

Schon ab frühem Mai bekommst du hier für deine Womoküche Frühkartoffeln *(Nye Kartoffler)*, auch Spargel, Knoblauch und Erdbeeren – alles in Plastiktunneln angebaut. Es wird Kaffee und Kuchen serviert. Du kannst kostenlos übernachten, denn Høbjerg gehört zum Pintrip-Netzwerk *(3 Stellplätze | Wasser und Strom 20 DKK, keine Duschen)*.

i *Mai–Dez. tgl. 10–17 Uhr | Høbjergvej 7 | Grenaa*

29 km Fahre zurück zur Straße 15, die später in die Route 21 übergeht und dich entlang der Bucht Ebeltoft Vig zum Hafenort Ebeltoft bringt.

Spot 5

Ebeltoft

Die Perle von Djursland ▶ **S. 64**

22 km Fahre die Straße 21 zurück, bis du links Richtung Femmøller auf den Kystvejen abbiegst. Du gleitest langsam durch kleine Ortschaften am Ufer der Bucht. Vor einer Bushaltestelle lockt dich ein Parkplatztschild nach links. Du parkst an einer Mole, die zum Angeln einlädt *(Natomolen | GPS: 56.226865, 10.619837)*. Wende dich zurück zum Abzweig, dann links und kurz darauf rechts Richtung Knebel. In Knebel biegst du auf einer kleinen Anhöhe an einer Denkmalsäule nach rechts Richtung Agri ab. Du erreichst die Steinsetzung Poskær und parkst dort.

Poskær Stenhus

Prominent, mystisch und fotogen bilden 23 tonnenschwere Steine einen grob 5000 Jahre alten Steinkreis auf einem Hügel. Die Grabkammer liegt am Rand und hat einen 15 Tonnen schweren Deckstein.

2,7 km Folge der kleinen Straße Porskærvej bis zum idyllisch gelegenen Dorf **Agri** – es wirkt fast wie ein Bergörtchen, denn du bist im hügeligen **Nationalpark Mols Bjerge** unterwegs. Umkurve den Weiler in Richtung Mols Bjerge, vorbei an der Kirche bis zum kleinen Wanderparkplatz.

Agri-Bavnehøj-Wanderung

Die Anhöhe erreichst du nach wenigen Minuten leichtem Anstieg. Oben markiert ein Türmchen die mit 137 m höchste Stelle des Nationalparks Mols Bjerge. Tolle Aussicht! Etwa 3,5 km südlich von hier liegt die Anhöhe Trehøje (127 m), die du über das Wegenetz des Nationalparks in einer Stunde erreichen kannst.

8 km Zurück in Agri folgst du der Beschilderung nach Egens. Von dort ist es nur noch ein Katzensprung zur Schlossruine Kalø.

Kalø Slotsruin

Verlockend ist die Aussicht vom Parkplatz über einen seit dem Mittelalter existierenden gepflasterten Damm zur Ruine. Ruhe, Vogelstimmen und springende Fische begleiten deinen 1,5 km-Spaziergang dorthin. Die Szenerie ist so einladend, dass du dir wohl überlegst, hier bis zum Morgen zu parken. Es gibt diesbezüglich bislang kein Verbotsschild *(20 Stellplätze | Toilette und Restaurant Kalø Slotscafé | Mai–Aug. 11–17 Uhr, sonst kürzer | €).*

36 km Von der Burgruine fährst du zurück zur Hauptroute, biegst links ab und stößt bald auf die Straße 15 – den Djurslandmotorvejen –, die dich flott nach Aarhus bringt.

STEINALTE PRÄSENZ

Die Grabkammer des Steinkreises Poskær Stenhus krönt einen Hügel.

Spot 6

Aarhus
Kunst, Kulturgeschichte und Kulinarik auf Schritt und Tritt ▶ **S. 68**

Optionaler Anschluss: Tour C

67 km Suche dir eine Ausschilderung von der westlichen Ringstraße für die Route 26 Richtung Viborg. Trotz schmalspurigen Ausbaus sind oft 90 km/h erlaubt. Du rollst zügig durch leicht wellige grüne Landschaft bis Viborg im Zentrum von Jyllands größter Ausdehnung.

Viborg

Das 43 000-Einwohner-Städtchen schmiegt sich an eine Seefläche. Der 1876 erneuerte **Dom** liegt in Seenähe, das Ambiente präsentiert sich proper und mit schönen Villen am Ufer. Die lutherische Prägung Viborgs unterstreicht die **Skulptur zur Erinnerung an den Reformator Hans Tausen.** Dem half eine aus Stuttgart importierte Druckpresse bei der Verbreitung protestantischer Schriften. Bjørn Nørgaard hat 2004 den predigenden Tausen wie einen Leviten-Drescher gestaltet, was mit metallgefassten Sprechblasen so comicartig wirkt, dass manche das lästerlich fanden.

Insider-Tipp
Perspektivwechsel

Ein Bootsausflug ab der Straßenquerung des Sees in Viborg ist die ideale Unterbrechung deiner Reise (Mai–Aug. tgl. | 110 DKK | margrethe1.dk).

26 km Folge der mit einem großen O markierten Ausfallstraße nach Westen und wähle die Richtung Holstebro über die Route 16. Im Kreisverkehr von Mønsted sind die Kalkgruben nach rechts ausgeschildert.

Mønsted Kalkgruber

Bis 1980 wurde in den mit 60 km Wegenetz weltweit größten Gruben Kalk gebrannt. Du kannst mit einer Grubenbahn zu einem unterirdischen See fahren. Dort wird die Geschichte der Grube auf die Wand projiziert. Der Molkereimulti Arla lagert hier viele Käselaibe – probieren erlaubt. Noch mehr erfährst du oberirdisch, auch zu den 15 000 überwinternden Fledermäusen *(tgl. 10–16 Uhr | 150 DKK | monsted-kalkgruber.dk).*

38 km Über die Route 16, Achse zwischen Nord- und Ostsee, erreichst du flott mit Holstebro die nächste stolze Stadt im Midtjylland.

Holstebro

Der 37 000-Seelen-Ort zeigt sich kunstsinnig und hat etliche Skulpturen in der Fußgängerzone platziert. Auf der abfallenden Meile grüßt oben ein aufgekratztes Dutzend – die „Bürger von Holstebro" spielen auf Rodins „Bürger von Calais" an. Die Idee, zwölf Stadtbekannte bloß- und aufzustellen, stammt wie in Viborg von Bjørn Nørgaard. Den Gegenpol am anderen Ende der Meile bildet die Giacometti-Skulptur „Maren". Die Frauenfigur schien den Bürgern zu dürr; mit Butterbroten als Votivgaben wollten sie Maren aufpäppeln – soviel Humor erfährt ein Giacometti wohl nur in der Provinz. Dabei ist Holstebros Kunstsinn eher kreativ als provinziell: Um Vandalismus vorzubeugen, fährt „Maren" nachts per Aufzug unters Pflaster und erscheint morgens wieder. Woher kommt das Geld für soviel Kunst? Anders als in Deutschland bleibt in Dänemark ein großer Teil der Steuern vor Ort. Provinz ist hier nicht provinziell.

64 km Über schmale, gut befahrbare Landstraßen brichst du nach Norden auf, zunächst über die 189 Richtung Skive, die in die 591 Richtung Hvalpsund übergeht. Letztlich biegst du auf die Autobahn 26 Richtung Nykøbing auf Mors ein. Du erreichst die Insel über die Brücke Sallingsundbroen.

Ziel & Spot 7

Insel Mors
Fossilien- und Austernschätze des Limfjords ▶ **S. 72**

HERAUSRAGEND

Der neoromanische Dom von Viborg wurde von 1864 bis 1876 neu errichtet. Nur die Krypta ist älter.

Spot 4

Skagen
Wo sich die Meere treffen

Das Städtchen am Nordkap scheint zwischen Flugsand, Dünenheide und Ozeanen eingeklemmt. Die versandete Kirche und der Treffpunkt der Meere sind Zeichen für die prekäre Lage. Aber nicht erst, wenn du die euphorischen Bilder der Skagenmaler siehst, wirst du dem Charme des Orts erliegen, in dessen Restaurants die Meeresfrüchte quasi direkt auf deinen Teller gespült werden. Große Pötte und enorme Fender erzählen vom rauen Leben auf See. In der Glasbläserei lernst du eine zarte Seite von Skagen kennen.

ECHTER MEHRWERT

An Jütlands Nordspitze Grenen vereinen sich mit Nord- und Ostsee zwei maritime Temperamente.

AKTIVITÄTEN & SIGHTSEEING

1 Zwischen zwei Meeren in Grenen stehen

Was das Leben in Nordjütland so instabil macht, aber Besucher über Generationen anlockt, das hat hier oben sein Ende: der Sand. An der nordöstlichsten Sandspitze treffen sich Skagerrak und Kattegat, Nord- und Ostsee. Man muss hier beidfüßig in beide Gewässer – aber nur stehen, die Strömung verbietet das Baden. Deine 2-km-Strand-Wanderung beginnt mit der Aussicht vom kapitalen Leuchtturm **Grå Fyr** (210 Stufen). Dann passierst du das **Bunkermuseum** *(tgl. April, Mai, Sept., Okt. 11–15, Juni, Aug. 11–16, Juli 10–17 Uhr | 60, Kinder 25 DKK)*, von dem der Traktorbus Standormen aufbricht *(tgl. Ostern–Okt. | 40, Kinder 20 DKK)*. Du gehst weiter zur ständig sich verändernden Sandspitze Grenen. ***Parken:*** *Grå Fyr, GPS: 57.736169, 10.631133; Bunkermuseum, GPS: 57.738934, 10.634586*

2 Mit der Kamera im Hafen auf Picture-Pirsch gehen

Skagen besitzt den größten Fischereihafen des Landes. Da lohnt der Gang über den Pier am Fiskehusetvej über den Auktionsvej bis zum Isvej. Fotos von ausgelegten Netzen mit Schiffen im Hintergrund sind attraktiv. Beginne die Pirsch am **Lystbådehavn** bei den Besucherjachten.

Am Isvej/Oliekajen liegen enorme Fender für große Pötte. Kamera auflegen, Selbstauslöser timen, posieren.

3 Um die Tilsandede Kirke auf Wanderung gehen

Die versandete Kirche **St. Laurentius** wird seit dem 14. Jh. vom Flugsand bedroht. Seit 1795 wird sie deshalb nicht mehr genutzt. Ihr Turm wurde als Seezeichen restauriert. Am Parkplatz für den melancholischen Ort zeigt eine Karte Wanderwege für die Dünenheide. ***Info:*** *Gamel Landevej | GPS: 57.714450, 10.543285*

4 Skagen Glaspusteri

Glaskünstler Jonas Brus Stæhr lässt sich in seinem Atelier und Verkaufsraum gern beim Glasblasen zuschauen. Gläser

REGENTAG – UND NUN?

5 Im Skagens Museum lokale Kunst sehen

Das lichtdurchflutete Skagen inspirierte Landschaftsmalerei, aber auch sozialdokumentarische Werke. Der dort vorherrschende Bohemien-Lifestyle zog ab 1872 viele Künstler an. Peder Severin Krøyer, Michael Ancher (vorm Museum als Denkmal von Lauritz Tuxen), Anne Ancher und Holger Drachmann waren und sind berühmte Skagenkünstler. Jährlich wechselnde Shows aus 9000 Werken. ***Infos:*** *Mitte Mai–Mitte Sept. 9–19, sonst 10–17 Uhr | 140 DKK, Kinder frei | Brøndumvej 4 | Kombiticket für Museum, Drachmanns Haus im Hans Baghs Vej 21, Anchers Haus im Markvej 2–4 | 200 DKK, Kinder frei | skagensmuseum.dk*

mit kleinen, kaum wahrnehmbaren Fehlern sind stark reduziert. ***Infos:*** *Juni–Aug. Mo–Sa 10–17, So 10–14 Uhr, sonst Mo geschl. | Fiskergangen 12c | Skagen | Facebook: Skagenglaspusteri | 30 Min.*

ESSEN & TRINKEN

6 Wittco Fisk & Skaldyr

Jütlands wohl bestes Fischbuffet, auch weil Fisch und gepulte Krabben frisch von einem Dutzend Krabbenfischerbooten auf den Tisch kommen. Toller Hafenblick. Kleinkinder essen gratis. ***Infos:*** *Tgl. Mittagsbuffet 11.30–16, ab 17.30 Uhr Abendbuffet, ab Okt. geschl. | Fiskehuskajen 29–31 | Skagen | wittcofiskogskaldyr.dk | €–€€*

Insider-Tipp
Unbedingt probieren

Lecker: cremige Pasta-Muschelsuppe mit Muscheln aus dem Limfjord.

7 Iscafeen

In der City ist dies eindeutig das netteste Café. Natürlich gibt es hier tollen *Gulerødskage* (Rüblitorte). Und hausgemachte *Smørrebrød* bis 15 Uhr. Mit schöne Terrasse nach hinten raus. ***Infos:*** *Juni–Aug. tgl. 10–20, sonst 10–17 Uhr | Oddevej 2a | Skagen | Facebook: IscafeenSkagen | €*

8 Pakhuset

Das erlesen restaurierte Gebäude ist der Platzhirsch am Sportboothafen und serviert auch zum Ambiente passende Fischgerichte, etwa marinierten Hering mit Kapern und Eiersalat. Plätze in der Sonne auf der Terrasse. Kuchen wird bis 15 Uhr serviert, die Theke ist ein echter Hingucker. ***Infos:*** *Tgl. 10–24, Küche bis 20 Uhr | Rødspættevej 6 | Skagen | Tel. +45 98 44 20 00 | pakhuset-skagen.dk | €€–€€€*

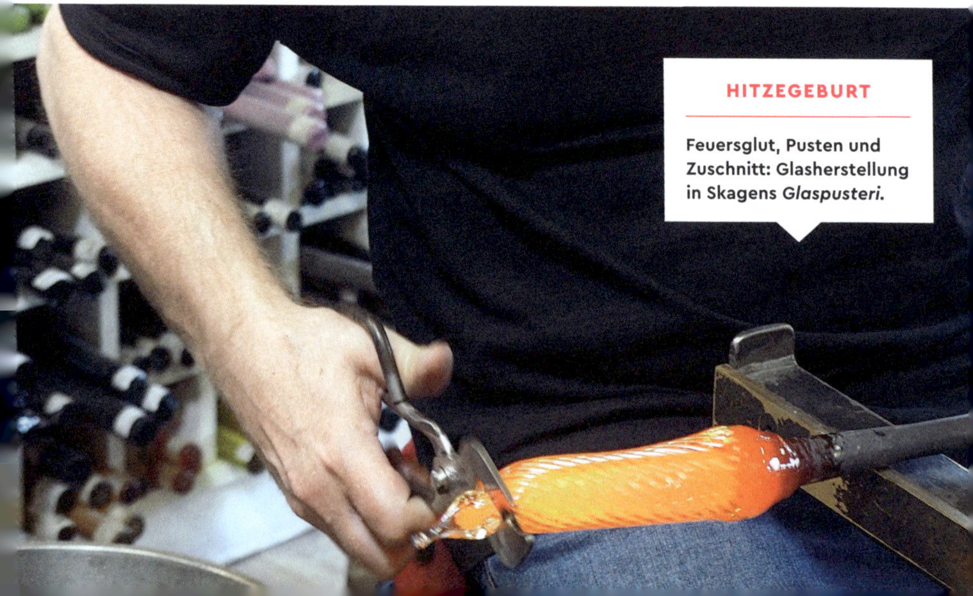

HITZEGEBURT

Feuersglut, Pusten und Zuschnitt: Glasherstellung in Skagens *Glaspusteri*.

9 Dit smørrebrød Skagen

Sieht ein wenig nach französischem Bistro aus und liegt am Start der Fußgängerzone. Die aufwendigsten und vielfältigsten *Smørrebrød*-Kreationen weit und breit. Dazu einen Akvavit. ***Infos:*** *Tgl. 11–20 Uhr | Østre Strandvej 1 | Skagen | Tel. +45 35 11 11 82 | ditsmorrebrodskagen.dk*

STELL- & CAMPINGPLÄTZE

10 Campingplatz-Idyll am Strand

Gepflegter und recht geräumiger Platz zwischen Stadt und Grenen am Strand. Nur wenige Meter entfernt gibt es eine Reihe alter Bunkergebäude, die dem Platz ein wehrhaftes Gerpräge geben. Zehn Minuten südwärts durch die Dünen erreichst du ein rekonstruiertes Wippfeuer – einen Leuchtturm-Vorläufer mit Feuereimer zum Hochwippen.

First Camp Grenen Strand ❊

€€€ | Fyrvej 16 | Skagen
Tel. +45 63 60 63 61
firstcamp.de/reiseziele/grenen-strand-skagen/camping
GPS: 55.338609, 8.677663

- **Größe:** *260 Stellplätze*
- **Ausstattung:** *Komplett, in Variationen buchbar*

11 Aufgeräumt stehen im Dünenidyll

Womo-Parkplatz am Bunkermuseum 4 km nördlich der Ortsmitte. Nur 20 Minuten sandiger Fußweg sind es bis zum Meetingpoint von Ost- und Nordsee – ideal für den frühen oder späten Ausflug ohne die Hektik der Tagesbesucher. Vom Asphalt abzweigend, locken Pfade in die Dünenlandschaft. Oder wie wär's mit einem erfrischenden morgendliche Bad in der See? Nur eine Viertelstunde fährst du mit dem Rad zu Skagens Fischrestaurants und zur Auktionshalle. Parkgebühr nur zur Hauptsaison im Sommer, ab September frei.

Skagen Autocamper Overnatning

€ | Åkandevej | Skagen
GPS: 57.738961, 10.633069

- **Größe:** *Mind. 15 Stellplätze*
- **Austattung:** *Keine*

Spot 5

Ebeltoft
Die Perle von Djursland

Fachwerkbauten, verwinkelte Gassen und Stockrosen prägen das Bild von Ebeltoft, Djurslands ältestem Handelsstädtchen. 1301 gegründet, war es einst eine florierende Hafenstadt, woran heute das Holzsegelschiff „Fregatten Jylland" im Museumshafen erinnert. Der historische Stadtkern ist einer der schönsten in ganz Dänemark. Die Hafenfront dagegen bietet nordisch-modernes Ambiente mit Verweil- und Bademöglichkeit sowie ein Schiff mit Kunst.

P *Zentraler Parkplatz am Wasser gegenüber der fotogenen roten Ex-Malzfabrik, jetzt Kulturzentrum | GPS: 56.201424, 10.677646*

RINGE STATT KETTEN

Ebeltofts historisches Rathaus, heute hyggelig genug fürs Eheversprechen, war früher ein ungemütlicher Kerker für Verbrecher.

AKTIVITÄTEN & SIGHTSEEING

1 Seglerhistorie der „Fregatten Jylland" erforschen

Der 102-Meter-Segler hat eine illustre Geschichte. Die „Jylland" lief 1860 vom Stapel; seit 1990 liegt sie als Museum in Ebeltoft. Eine der 44 Kanonen darfst du beladen helfen – Ohren zu beim Schuss. Du kannst auch mit dem Beiboot segeln und das Schiff vom Wasser aus fotografieren. Oder einem Matrosen bei der Suche nach seinem Taschenmesser helfen. Kurz: das Schiff in- und auswendig kennenlernen. Der maritime Spielplatz ist spannend. Tickets sind eine Woche gültig. ***Infos:*** *Tgl. Ende Juni–Aug. 10–18, sonst meist 10–16 Uhr | 155, Kinder 100, Familien 355 DKK | S. A. Jensensvej 4 | Ebeltoft | fregatten-jylland.dk | 1–2 Std.*

Insider-Tipp
Die Segel hissen

Bei passendem Wetter kannst du mit dem Beiboot der Fregatte für eine Stunde (100 DKK) unter Segeln in See stechen (Juli | 12.30, 13.45 Uhr).

2 Beim Stadtspaziergang über uraltes Pflaster balancieren

Im wunderbaren alten Stadtkern oberhalb des Hafens stöberst und stolperst du durch gepflasterte Gassen mit Lädchen, Kunsthandwerk und Restaurants: Adelgade, Nørrebakke, Overgade, Nedergade und die winzige Gasse Fedt Mikkels Gang. In der Overgade ist das Pflaster gemeißelt, eingefasst mit Feldsteinen. An der Ecke von Kurveleddet und Overgade befand sich mal ein Stadttor. Am Strandvejen entdeckst du die Reste alter Deiche aus Seegras.

3 Im Glasmuseet in Kunst und Handwerk schwelgen

Dänen produzierten und exportierten schon immer gutes Handwerk. Im modernen Glasmuseum am Hafen kannst du dich in Ausstellungen vom künstlerischen Produkt und im Garten von der Entstehung von Gebrauchsgütern durch Glasblasen überzeugen lassen. Der Mu-

REGENTAG – UND NUN?

4 Museum Østjylland

In Ebeltoft ist das Museum Østjylland (auch in Grenaa und Randers) durch die historischen Gebäude Farvergården, Det gamle Rådhus und Siamesisk Samling vertreten. Farvergården besteht aus einer Färberei, wie sie vor 100 Jahren in Betrieb war. Im zweistöckigen Alten Rathaus lassen sich Dänen und Besucher gern standesamtlich trauen. Nebenan, in der frisch renovierten Siamesisk Samling, triffst du u. a. auf eine Ausstellung in Asien gesammelter und konservierter Tiere. ***Infos:*** *Farvergården: Juni–Aug. Di–So 10–16 Uhr | Adelgade 15; Siamesisk Samling: Juni–Aug. Di–So 10–16, Sept.–Mai Do–So 12–15 Uhr | Juulsbakke 1; Rådhus wie Siamesisk Samling | Juulsbakke 1 | Ebeltoft | alle frei | museumoj.randers.dk*

seumsladen verleitet durch eine tolle Auswahl an Glasdesign in allen Preisklassen zum Einkauf. Vom Café hast du einen fantastischen Hafenblick. ***Infos:*** *April–Okt. tgl. 10–16, Juli/Aug. bis 17, sonst Di–So 10–16 Uhr | 140, Kinder 30 DKK | Café tgl. 10–15 Uhr | Strandvejen 8 | Ebeltoft | glasmuseet.dk | 2 Std.*

EINKAUFEN

5 Pust Glasværksted

Wenn du Glaskunst direkt vom Hersteller kaufen und beim Blashandwerk zuschauen möchtest, bist du im urigen Innenhof von Christina und Leif richtig. Lampen, Trinkgläser und Glasschmuck eignen sich als zarte Mitbringsel. ***Infos:*** *Mo–Fr 10–17, Sa 10–14 Uhr | Adelgade 29E, Gården | Ebeltoft | pustglas.dk*

ESSEN & TRINKEN

6 Aoife Coffee

In einem alten Hafengebäude hat sich ein Paar dem exzellenten Kaffee verschrieben und röstet und serviert das Elixier in loungigem Setting. ***Infos:*** *Tgl. 8–19 Uhr | Stockflethsvej 14 | Ebeltoft | aoifecoffee.dk | €*

7 L'Abacate Café

Die knapp zehn Fahrminuten nordwärts um die Ebeltoft-Bucht lohnen für Frühstück, Lunch und Pizza-Dinner. Das kleine, gemütliche Café fertigt die Backwaren selbst, serviert Biosäfte und lokale Naschereien. Aromatisch trifft Dänemark hier auf Brasilien und Südeuropa. Tolle Fliesenkeramik und lokale Glaskunst kann man darüber hinaus käuflich

IM WIND

Flagge zeigen dürfen nur dänische Camper – auch im Jachthafen von Ebeltoft.

erstehen. **Infos:** *Do–Sa 10–18, So –16 Uhr | Hovegaden 14 | Femmøller | Tel. +45 53 77 29 76 | labacatecafe.com | €€*

8 Mellem Jyder

Das Restaurant versteckt sich mit seiner traditionellen Aura in einer urigen Gasse hinterm Fachwerk: kleine behagliche Speiseräume, eine übersichtliche Karte mit Fisch, Schnitzel, *Stjerneskud* und Spitzkohl. Der Biergarten liegt angenehm geschützt. **Infos:** *Tgl. 12–22 Uhr | Juulsbakke 3 | Ebeltoft | Tel. +45 86 34 11 23 | mellemjyder.dk | €€*

9 Café Lø Croq

In diesem Öko-Café ist zwar nicht alles veggi, das Meiste kommt aber aus ökologischem Anbau. Auch der „Pulled Ziegenburger". Mit Hafenblick! **Infos:** *Tgl. 10–20 Uhr | Havnevej 10c | Ebeltoft | locroq.dk*

STELL- & CAMPINGPLÄTZE

10 Bug an Bug mit Segeljachten

Der hübsche Jachthafen ist nicht so groß, weshalb auch das Übernachten dort recht familiär ist. Alles im Ort ist zu Fuß gut erreichbar. Im Preis sind übrigens sechs Brötchen vom Kvickly-Markt enthalten.

Ebeltoft Skudehavn

€€ | Skudehavn 62 | Ebeltoft
skudehavn.dk
GPS: 56.189937, 10.669571

- **Größe:** *30 Stellplätze*
- **Ausstattung:** *Komplett*

11 Freundlicher Platz zwischen Straße und See

Klassischer Campingplatz nur 1 km nördlich des Ortszentrums und in Steinwurfweite zum steinigen Strand. Gepflegt und freundlich, aber der Platz ist recht eng eingequetscht zwischen Straße und flacher See. Es gibt Geschäfte in der Nähe und lokales Bier am Eingang.

Ebeltoft Strand Camping

€€ | Nordre Strandvej 23 | Ebeltoft
ebeltoftstrandcamping.dk
Tel. +45 86 34 12 14
GPS: 56.210192, 10.677943

- **Größe:** *100 Stellplätze*
- **Ausstattung:** *Komplett, Pool und Sauna*

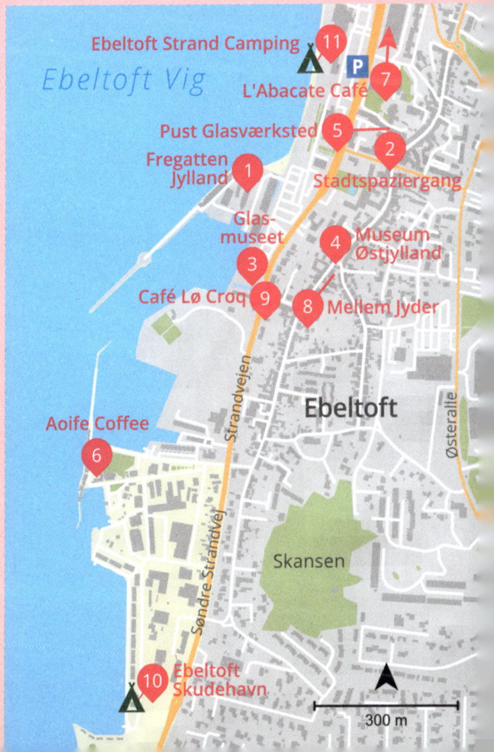

Spot 6

Aarhus

Kunst, Kulturgeschichte und Kulinarik auf Schritt und Tritt

Dänemarks zweitgrößte Stadt war 2017 Europäische Kulturhauptstadt. Zwischen zeitgenössischer Topkunst im Museum ARoS und virtuell erfahrbarer Historie im Moesgaard Museum vervollständigt der gemütliche Bummel durch das Freilichtmuseum Den Game By die Zeitreise. Bei genügend Muße schnupperst du während eines schönen Tagesausflugs nach Mitteljütland hinein – mit Blick vom Himmelberg und dem Besuch des Asger Jorn Museums im Städtchen Silkeborg.

P *Bei der Altstadt parken | GPS: 56.159578, 10.189793*

BUNTES RUND

Famoser Rundgang auf dem Dach des Kunstmuseums: Your rainbow panorama, Ólafur Elíasson 2006–2011, ARoS.

AKTIVITÄTEN & SIGHTSEEING

1 Dem ARoS verfallen

Das Museum für moderne Kunst erlangte Kultstatus, als Ólafur Elíasson 2011 mit „Your rainbow panorama" dem kantigen Würfel einen 150 m langen Rundgang aus Glas in allen Farben des Spektrums aufs Dach setzte. Die Themenräume sind bis in den Keller mit internationaler Kunst bestückt, dazu kommt ein das Atrium bis zum Dach ausfüllendes Werk – New Yorks Guggenheim und Londons Tate Modern grüßen. ***Infos:*** *Mo–Fr 10–21, Sa, So 10–17 Uhr | 190, bis 31. J. 150 DKK | Aros Allé 2 | Aarhus | aros.dk | 2–3 Std.*

2 Im Den Gamle By eine Zeitreise unternehmen

Das famose Freilichtmuseum „Die alte Stadt" zeigt Häuser, Werkstätten und Läden von 1864, 1927 und 1974. Beim Schlendern übers bunte Pflaster begegnen dir Mimen aus den Epochen und ein Pferdegespann. Es gibt sogar einen typischen Pfadfindertreff. Verpasse nicht die historische Jazzbar Bent J; Dänen lieben Jazz. ***Infos:*** *Mitte Feb.–Dez. 10–17, sonst 10–16 Uhr | ab 150, Kinder ab 75 DKK | Viborg 2 | Aarhus | dengamleby.dk | 2–4 Std.*

Insider-Tipp

Zauberspiegel-Selfie

In einer der Wohnungen von 1974 kleidest du dich virtuell vor einem interaktiven Spiegel in Mode aus den 1970ern.

3 Im Freizeitpark Tivoli Friheden ausflippen

Neben Fahrgeschäften gibt's als Highlight einen Turm, von dem du 40 m in ein Fangnetz stürzen kannst – mit Helm und Rückenschutz, aber ohne Seil. Oder du bummelst einfach nur herum. ***Infos:*** *Mitte April–Mitte Sept. 11.30–19, Juni–Aug. bis 23 Uhr | 300 DKK, ab 90 cm Größe, nur Eintritt (ohne Fahrgeschäfte) 175 DKK | Skovbrynet 5 | Aarhus | friheden.dk | 1–3 Std.*

4 Ausbüchsen zum Himmelbjerget und nach Silkeborg

Eine 100-km-Tour über die Autobahn E 45 und die 455 nach Mitteljütland lässt dich

REGENTAG – UND NUN?

5 Im Moesgaard Museum in Prähistorie reisen

Das geräumige Museum von 2014 zeigt prähistorische Funde – etwa den top erhaltenen 2000 Jahre alten Grauballemann aus dem Moor – bis hin zur virtuellen Wikingerschlacht. Spektakulär auch draußen: Das keilförmige, begrünte Dach gibt in Regenpausen Platz für Spaziergänge, Aussicht, Picknick. Vorzeitpfade durch Wald, Wikingerorte und Dolmen weiten den historischen Blick. ***Anfahrt:*** *10 km südlich vom ARoS über die 451* ***Infos:*** *Tgl. 10–17 Uhr | 190 DKK, Kinder frei | Moesgård Allé 15 | Højbjerg, Aarhus | moesgaardmuseum.dk | 2–4 Std.*

zunächst auf den 147 m hohen Himmelbjerget mit tollem Seeblick laufen (43 km). Weiterfahrt über die 455 ins schöne Städtchen Silkeborg mit dem Museum für den Künstler Asger Jorn (1914–1973) und dem herrlichen See Langsø. Die Rückfahrt über die 15 komplettiert den Ausflug. ***Infos:** Himmelbjerget: Parken GPS: 56.103084, 9.686815; Museum Jorn: Tgl. Di–So 10–17 Uhr | 125 DKK, Kinder frei | Gudenåvej 7–9 | Silkeborg | museumjorn.dk | 2–3 Std.*

ESSEN & TRINKEN

6 Café FolkeVen

Sehr *hygge* ist das kleine Souterrain-Café zwischen ARoS und Den Gamle By. *Den varme Gryde* ist eine leckere Kasserole mit Basmatireis in einer Bowl. Witzig: Man ist hier Fan vom VW-Bulli (im Namen) und zeigt's auch. ***Infos:** Tgl. 9–19 Uhr | Thorvaldsensgade 17 | Aarhus | cafefolkeven.dk | €*

7 Toastit

Butterbrote – aber was für welche! Fast schon wie gesunde Burger, also Gemüse, Käse, Früchte, Schinken, Lachs und pochiertes Ei liebevoll eingepackt in luftige, getoastete Sauerteigscheiben. Plus ein kleines Craftbeer für Beifahrer. ***Infos:** Tgl. 11.30–20 Uhr | Klostergade 68 | Aarhus | toast-it.dk | €–€€*

8 LYNfabrikken

Aus einer ehemaligen Fabrik wurde ein moderner Workspace. Drinnen be-

SCHLEMMERSTOPP

Im Café FolkeVen gibt's leckeren Eintopf nicht nur für Bullifahrer.

stimmen informelle Meetings und Laptops das Ambiente, ganz oben kannst du cool auf der Dachterrasse und im Café relaxen und den Blick über die Stadt schweifen lassen. Zu Kaffee und Bier gibt's belegte Sauerteigbrote; abends Weinbar. Der Soundtrack dazu: die Spotify-Playlist LYNplay mit 100 gechillten Titeln! ***Infos:*** *Tgl. 8–22 Uhr | Vestergade 49b | Aarhus | lynfabrikken.dk | €*

9 Domestic

Entspanntes Michelin-Stern-Restaurant. Die Menüs sind angemessen bepreist und verwenden nachhaltig erzeugte dänische Produkte. Kuriose Fischgerichte. Bestellungen bis 21 Uhr. ***Infos:*** *Di–Do 18–24, Fr, Sa 12–24 Uhr | Mejlgade 35B | Aarhus | Tel. +45 61 43 70 10 | restaurantdomestic.dk | €€€*

STELL- & CAMPINGPLÄTZE

10 Kostenlose Übernachtung am Hafen

Spartanischer, aber ideal gelegener Parkplatz im Nordhavn, auf dem Plätze fürs Übernachten im Womo ausgewiesen sind – nur für 24 Stunden. In ca. 20 Minuten erreichst du zu Fuß das ARoS und Den Gamle By. Wichtig: Parkscheibe präsentieren, sonst kostet's über 100 Euro Strafe. Nur 300 Meter südlich serviert der Fastfood-Pavillon Havnens Perle Burgermenüs und englisches Frühstück *(€ | tgl. 8–22 Uhr).*

Womostellplatz Aarhus

Frei | Dagmar Petersen Gade 954 | Aarhus
GPS: 56.163624, 10.221073

- **Größe:** *50 Stellplätze*
- **Ausstattung:** *Keine*

11 Hafenambiente am Lystbådehavn

Halte dich in Richtung Lystbådehavn. Am Sportboothafen ganz im Süden des Hafengeländes musst du durch eine Schranke, nimmst die Quittung und zahlst dann am Hafenautomaten mit Karte. Die Stadt ist gut erreichbar, mit dem Fahrrad bist du in 15 Minuten am ARoS.

Womostellplatz Marselisborg

€€ | Marselisborg Havnevej 58 | Aarhus
GPS: 56.139080, 10.216581

- **Größe:** *20 Stellplätze*
- **Ausstattung:** *Komplett*

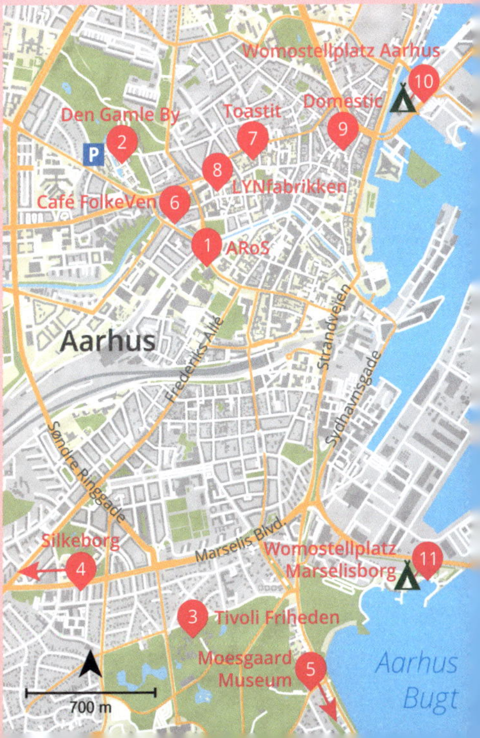

Spot 7

Insel Mors
Fossilien- und Austernschätze des Limfjords

Auf der Insel am großen Fjord – Dänemarks Nordwestpassage – schöpfen die Anrainer aus dem Vollen. Im Meer tummeln sich Europäische Auster, Miesmuschel, Knurrhahn, Aal & Co. und landen auch auf dem Teller. An den Ufern des zerklüfteten Wasserwegs zwischen Ost- und Nordsee schäumt zudem Craftbier. Fossilienversteher auf Mors und Fur lassen 55 Mio. Jahre versteinerte Erdgeschichte aufleben. Unter Aufsicht darfst du sogar nach Souvenirs buddeln.

AUSSICHT UND RÜCKSCHAU

Über den in Ton konservierten Fossilien an den Steilküsten der Limfjord-Inseln ist wirklich nur etwas Gras gewachsen.

AKTIVITÄTEN & SIGHTSEEING

1 Der Klippe Hanklit auf den Grund gehen

Die 61 m hohe Klippe an der Nordküste ist der höchste Molersteilhang von Mors und bietet Rückschau auf 55 Mio. Jahre, als die Gegend von einem warmen Meer bedeckt war. Schichten aus ockerfarbenem *Moler* (deutsch: Mo-Ton), schwarzer Vulkanasche und rotem Gesteinsgries sind hier dicht an dicht übereinandergeschichtet. Im *Moler* haben sich tonnenweise Reste von Pflanzen, Einzellern, Insekten, Fischen und anderen Wirbeltieren verfestigt. Auch wenn's dich reizt: Es ist verboten, Fossilien aus Hanklit auszugraben. Der Steilhang ist Welterbekandidat der UNESCO. ***Anfahrt:*** *20 km nördlich von Nykøbing Mors über die 581 und den Nordmorsvej Richtung Thisted.* ***Parken:*** *GPS: 56.892980, 8.747901*

Insider-Tipp
Fossilienlohn
In der Molergrube nebenan darfst du buddeln und kleinere Versteinerungen behalten – Prachtstücke bringen Finderlohn.

2 Fossilien unter die Lupe nehmen

Im **Fossil- og Molermuseet** am Nordende von Mors kommst du den Fossilien noch näher. Die Sammlung versteinerter Fische, Krabben, Vögel etc. ist superspannend. Stars sind ein Schildkrötenbaby namens Luffe und der längste versteinerte Baum des Landes. Museumsführer Henrik Madsen steckt voller erhellender Geschichten. ***Anfahrt:*** 18 km über die Route 581 ***Infos:*** *Mitte Mai–Mitte Aug. tgl. 10–16, sonst meist Mi–So 11–15 Uhr | 80 DKK, Kinder frei | Skarrehagevej 8 | Mors | museummors.dk | 1–2 Std.*

3 Auf Fur der Natur zuprosten

In nur drei Minuten Fährfahrt von Branden erreichst du die Insel Fur. Highlight sind die Molerklippen im Norden. Ein Muss ist die Brauerei Fur Bryghus – Clou der Bierlabels ist das des obergärigen Fur Rennæssance mit versteinerten Nautilus-Kopffüsslern aus dem Moler! ***Infos:*** *Brauerei und Restaurant April, Mai, Sept. Di–So 11.30–15, Do–So 18–21 Uhr, Juli, Aug. tgl., sonst weniger Tage | Knudevej 3 | Fur | furbryghus.dk | 1–2 Std.*

4 Im Dansk Skaldyrcenter Austern öffnen

Das Dänische Schalentierzentrum verbindet Forschung zu Meereswissen-

REGENTAG – UND NUN?

5 Im Traktormuseum die Modellparade bestaunen

Auf vier Hallen verteilen sich unzählige Traktormodelle, die zwischen gut 100 und mindestens 60 Jahre alt sind – aber bestens gepflegt. Während es regnet, mutierst du zum Traktorliebhaber. ***Infos:*** *Juli–Aug. tgl. 10–17 Uhr | 100, Kinder 40 DKK | Kjeldgårdsvej 49 | Outrup | traktormuseum.net | 1–2 Std.*

schaften und Aquakultur mit Limfjord-Erlebnissen. Du darfst Europäische und Pazifische Austern im dafür berühmten Limfjord klauben – mit Angelschein allein oder ohne geführt –, Aquakultur-Brütereien besuchen, Bootstouren machen, deine Austern mit Wein verzehren oder Muscheltopf bestellen. Die Limfjord-Muschelsaison läuft von September bis April. Für Aktivitäten am Vortag kontaktieren. ***Infos:*** *Mo–Do 8–16, Fr 8–14.30 Uhr | Tel. +45 96 69 02 83 | Øroddevej 80 | Nykøbing Mors | Austernsafari 2 Std. für 225 DKK | skaldyrcenter.dk | 2 Std.*

ESSEN & TRINKEN

6 Café Holmen

Tolle Lage in Jachthafennähe mit Terrasse. Drinnen wirkt die Einrichtung wohnlich mit einem persönlichen Touch. Leckere Burger, auch vegetarisch, Fischgerichte, Muslinger (Muscheln) und Tapas. Kinderkarte. ***Infos:*** *Di–So 10.30–16.30, Fr, Sa bis 21.30 Uhr | Jernbanevej 3 | Nykøbing Mors | Tel. +45 97 72 31 00 | cafe-holmen.dk | €€*

7 Østersbar & Glyngøre Shellfish

Fischer und Taucher Sven Bonde schöpft flache Europäische Austern und Muscheln aus Limfjord und Umgebung und verkauft und serviert sie in seiner hippen Austernbar – mit edlen Tropfen. Du musst online vorab reservieren! ***Anfahrt:*** 13 km von Nykøbing ***Infos:*** *Do, Fr 12–18, Sa 12–16 Uhr | Kassehusvej 5 | Glyngøre | danishshellfish.com | €€*

FINGERFOOD

Am Limfjord schlemmst du die ganze Bandbreite von Schalentieren, auch *blåmuslinger*.

8 Feggesund Kro

Im Inselnorden liegt einsam wie idyllisch die alte Gastwirtschaft am Fährhafen. Man kommt her für den Klassiker Aal mit Kartoffeln und Petersiliensoße – bis du satt bist. Es gibt auch *Stjerneskud* und alles in kleinen Portionen zum Frühstück, das bis 17 Uhr serviert wird. ***Infos:*** *Di–So 11.30–19.30 Uhr | Feggesundvej 81 | Mors | Tel. +45 97 75 10 32 | feggesundkro.dk | €–€€*

9 Gullerup Strandkro

Klassischer gemütlicher Gasthof am schmalen Nordstrand mit Blick auf Hanklit und Thy, 15 km von Nykøbing. Auf den Tisch kommen Klassiker der dänischen Küche, auch ein preiswertes Tagesgericht. Pfannkuchen zum Nachtisch. ***Infos:*** *Di–So 11–14, 17–21 Uhr | Grydhøjvej 25 | Erslev | Tel. +45 97 74 00 50 | gullerupstrandkro.dk | €–€€*

STELL- & CAMPINGPLÄTZE

10 Parken wie ein Segler

Ruhiger Parkplatz am Jachtclub in Stadtnähe mit Nutzung von Räumlichkeiten. Gegenüber serviert Café Holmen Frühstück. Auch Take-Aways.

Autocamperplatz am Lystbådehavn Nykøbing

€€ | Jernbanevej 3 A | Nykøbing Mors
GPS: 56.792710, 8.863304

- **Größe:** *12 Stellplätze*
- **Ausstattung:** *Komplett, Waschmaschine und kostenloses WLAN*

11 Küstenruhe am Gasthof

Die Idee des Pintrip-Gastgebers ist, dass du erst die Restaurantküche des Gasthofs Gullerup Strandkro genießt, anschließend den Verdauungsspaziergang zur Klippe Hanklit machst und dann gleich vor Ort übernachtest. Vorher anrufen!

Gullerup Strandkro

frei | Grydhøjvej 25 | Erslev
Tel. +45 97 74 00 50 | gullerupstrandkro.dk
GPS: 56.889399, 8.732976

- **Größe:** *2 Stellplätze*
- **Ausstattung:** *Strom, Frischwasser, keine Entsorgung*

SOMMERZEIT

Mohn und Meer – am Hafen von Bogense eine gelungene Kombi.

Tour C

Märchenhaft, fruchtbar, karg und süß **Rundfahrt auf der Insel Fünen**

Start & Spot **8** Middelfart ▶ S. 86

128 km

Spot **9** Odense ▶ S. 90

102 km

Ziel & Spot **10** Faaborg ▶ S. 94

So unterschiedliche Facetten auf einer Insel! Fünen ist Dänemarks Brotkorb und Butterseite. Zwischen Feldern und Hainen kurvst du durch ein dichtes, enges Wegepuzzle im Inneren. Während du im Norden die Schönheit eher spröder, salziger Naturenklaven durch achtsame Langsamkeit erfährst, bietet dir die Südküste mit fast mediterranem Überschwang Schokolade, ländliche Sterneküche und Inseln am Horizont. Im städtischen Odense empfängt dich mit H. C. Andersen sogar ein berühmter Märchendichter.

FACTS

Strecke 230 km

Reine Fahrzeit 5,5 Std.

Streckenprofil Oft verwinkelte, manchmal enge Straßenführung auf gutem Asphalt

Empfohlene Dauer
5–7 Tage

Anschlusstouren
B D E

Tour C im Überblick

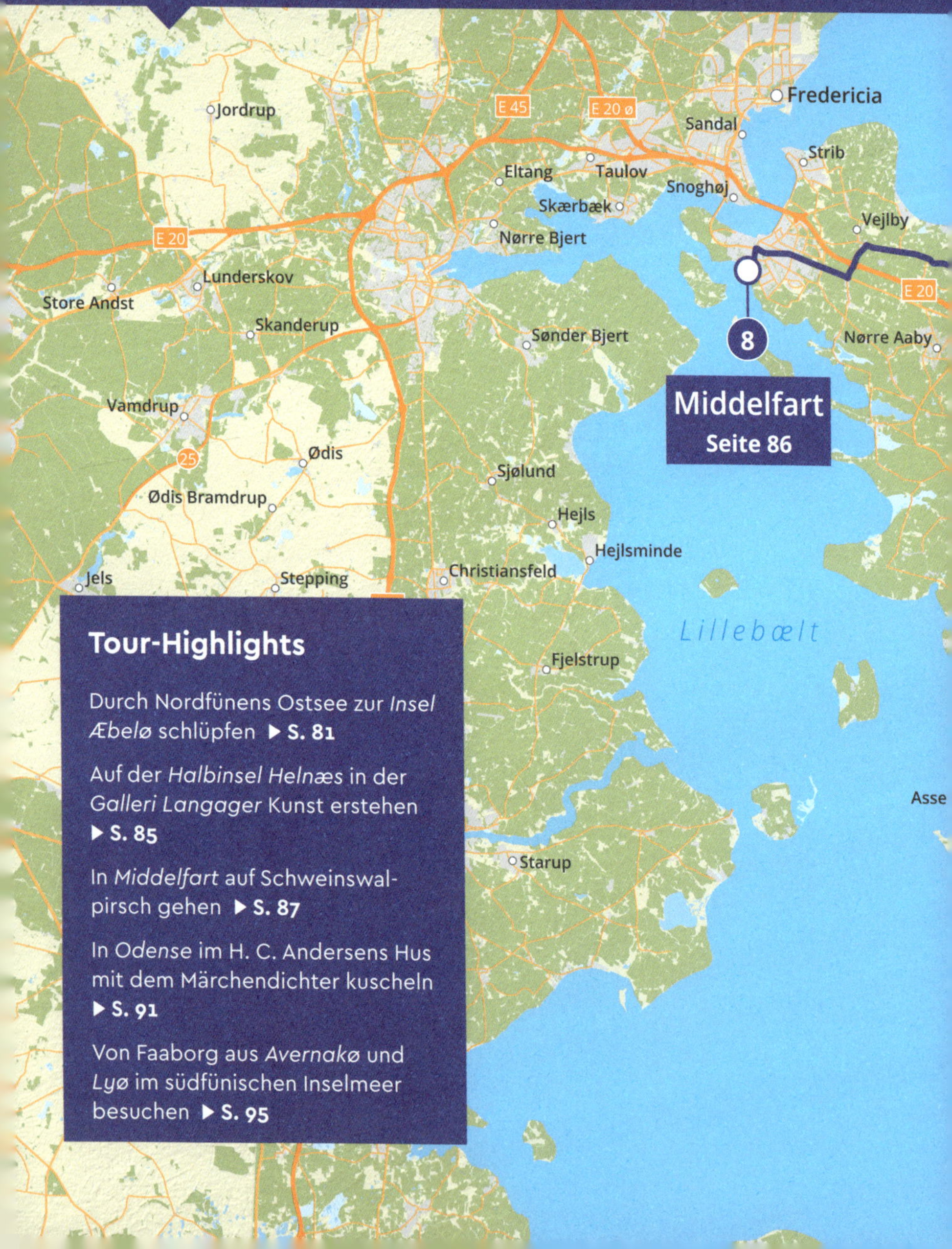

Tour-Highlights

Durch Nordfünens Ostsee zur *Insel Æbelø* schlüpfen ▶ **S. 81**

Auf der *Halbinsel Helnæs* in der *Galleri Langager* Kunst erstehen ▶ **S. 85**

In *Middelfart* auf Schweinswalpirsch gehen ▶ **S. 87**

In *Odense* im H. C. Andersens Hus mit dem Märchendichter kuscheln ▶ **S. 91**

Von Faaborg aus *Avernakø* und *Lyø* im südfünischen Inselmeer besuchen ▶ **S. 95**

Østersøen
Æbelø
Flyvesandet
Gyldensteen Strand
Nørreby
Tørresø Strand
Korshavn
Bårdesø
Hasmark Strand
Bogense
Harridslevgaard Slot
Bogensø
Dalby
Glavendrup Stenen
Otterup
Enebærodde Fyr
Mesinge
Lunde
Brenderup
Søndersø
Veflinge
Munkebo
Kerteminde
Morud
Skrækkenborg
Næsbyhoved-Broby
Grønnemose
Odense
Seite 90
9
Gelsted
Vissenbjerg
Skallebølle
Marslev
Birkende
Aarup
Skalbjerg
Over Holluf
Ullerslev
Langeskov
E 20
Fraugde
Danmarks Fugle Zoo
Højby
Skellerup
Ellinge
Tommerup
Ferritslev
Nørre Lyndelse
Årslev
Turup
Søllinge
Glamsbjerg
Vejle
Allested
Ørbæk
Køng
Nørre Broby
Ebberup
Flemløse
Ringe
9
Fjellerup
Brobyværk
Dreslette Kirke
Sandholt Lyndelse
Snave
Herringe
Jordløse
Vester Hæsinge
Agernæs Havn
Håstrup
Arreskov Sø
Gudbjerg
Faldsled
Millinge
10
Faaborg
Seite 94
Galleri Langager
s Fyr
Horne
Vester Åby
6 km

C Tourenverlauf

LOS GEHT'S!

Start & Spot 8

Middelfart
Wo der Lillebælt zwischen Fünen und Jütland rauscht ▶ **S. 86**

Optionaler Anschluss: Tour B

27 km Middelfart verlässt du über die Straße 161 nach Osten. Schon bald biegst du in einem Kreisverkehr nordwärts Richtung Bogense über die 317 ab. Du zockelst über hübsch in Grün gehüllte und von Landwirtschaft geprägte Dörfchen. Nach einer halben Stunde taucht rechts das Schild für das Harridslevgaard Slot auf.

Harridslevgaard Slot

Das Renaissanceschloss versteckt sich etwas und wirkt leicht verwunschen. Es ist in Privatbesitz, Ferienwohnungen werden vermietet.

i *Auf der Website erfährst du unter dem Menüpunkt „Det Sker", wann im Sommer und zu Ferienzeiten Besucher willkommen sind | an Besuchstagen Führungen für 150 DKK | harridslevgaard.dk | 1 Std.*

P *GPS: 55.542076, 10.101322*

Ein paar Pfauen bewachen das Schloss und sind toll zu fotografieren. Bitte keine Federn mitnehmen, sie werden im Laden verkauft.

8 km Nach dem Schlossbesuch kurz weiter über die 311, von der du dann nach links der Beschilderung nach Gyldensteen über die schmale Straße Smidstrupvej folgst. Die führt schließlich ausgeschildert über eine tolle Allee zum Gyldensteen Strand.

Gyldensteen Strand

Hier wurde Ackerland wieder zu einer salzigen Küstenlagune zurückgebaut. Daneben liegt ein Süßwassersee. Am Parkplatz wird ausführlich über spezielle Fauna und Flora informiert. Du kannst die einsame Natur gut mit dem Fahrrad oder zu Fuß erkunden. Der nahe Mühlenturm **Langø Mølle Udkigstårn** bietet Überblick *(GPS: 55.588178, 10.178034)*.

P *Gyldensteen Strand, GPS: 55.579870, 10.159873*

i *visitnordfyn.de/nordfyn/aktivitaeten/natur/gyldensteen-strand-erleben*

8 km Rolle die Allee zurück, biege links auf den Gyldensteensvej. In Vester Egense links ab nach Jersøre und zum Parkplatz Ebbevej til Æbelø.

Æbelø

Eine tolle Erfahrung bietet die 7 km lange Rundwanderung vom Parkplatz von Lindehøved über das Inselchen Æbeløhavn zum Leuchtturm des naturgeschützten unbewohnten Eilands Æbelø und zurück. Schließe dich einer geführten Sommertour an oder halte dich an die Gezeiten.

i *visitnordfyn.de/nordfyn/aktivitaeten/natur/aebelo-erleben*

P *GPS: 55.593801, 10.190366*

18 km Durch die manchmal entrückt wirkende Landschaft Nordfünens führt dich dein Weg über Jersøre und Vesterby. Von dort ostwärts über die 162, bis du linker Hand Flyvesandet (5 km) ausgeschildert siehst. Durch großflächige Felderwirtschaft erreichst du erneut die Küste.

Flyvesandet

Am nördlichsten Punkt Fünens liegt ein Campingplatz, an dessen Rand sich ein befahrbares Naturschutzgebiet mit Salzwiesen und kleinen Dünen entlang steiniger Küste erstreckt. Es gibt einfache Parkplätze und Info-

ZAUBERHAFTES ENTREE

Prächtige Allee zum renaturierten Deichgebiet Gyldensteen Strand.

MEERKOHL FÜRS WOMO

Blüten, Triebe, Blätter – alles essbar. Als Salat oder wie Kohl gekocht.

punkte. Das europäische Projekt Semiaquatic life versucht hier, den Wassersalamander und die Strandkröte wieder zu etablieren sowie die Kartoffelrose einzudämmen, weil sie den Lebensraum der Tiere am Küstensaum bedroht. An einem der Parkplätze ist der einzige Grill- und Feuerplatz.

P *GPS: 55.622568, 10.303805*

Insider-Tipp
Strandnaschwerk

Mehr Meer geht nicht – kulinarisch. Meerkohl ist eine tolle Beilage zum Grillfleisch, in Streifen geschnitten, mit Vinaigrette.

27 km Fahre zurück zur 162 und biege nach links ab Richtung Otterup. Unterwegs geht's noch mal links nach Jørgensø. Danach sind Hasmark und Hasmark Strand deine Nahziele. Kurz vor Hasmark Strand kurvst du rechts Richtung Enebærodde und rollst bis zum Leuchtturm.

Enebærodde Fyr

Der niedrige, nicht begehbare Leuchtturm steht einsam am Odense Fjord. Enebærodde steht für die vielen Wacholderbüsche auf der Odde, was Landzunge bedeutet. Genieße die Ruhe!

24 km Fahre 9 km zurück bis zum Abzweig in Hasmark Strand, biege links ab auf den Strandvejen, der dich über Egense nach Otterup bringt. Steuere nicht zum Zentrum, sondern rechts ab in den Bakkevej Richtung Museum. An der Kirche biegst du links ab und dann rechts

Richtung Hjadstrup, das du wieder in Richtung Odense nach links verlässt. In Bladstrup geht's erneut links gen Odense und fast sofort wieder rechts Richtung Glavendrup. An diesem kleinen Gehöft rechts abbiegen und der Beschilderung nach Glavendrup Stenen folgen.

Glavendrup Stenen

Zurück in die heidnische Zeit. Vom Parkplätzchen läufst du in ein Waldstück – die Szenerie wirkt bei verhangenem Himmel fast unheimlich. Folge Hinweisen und du findest zwei 2500 Jahre alte Grabhügel und eine typische Schiffssetzung der Wikinger mit Runenstein – wohl anstelle einer Grabstatt für den nicht hier verstorbenen Feldherrn.

P *GPS: 55.509057, 10.297413*

16 km Zurück zum Gehöft Glavendrup fährst du zunächst Richtung Lunde, wo du dich in Richtung Odense über die 327 orientierst.

9

Odense

Fünens Hauptstadt erfindet sich und den Märchendichter neu

▶ **S. 90**

Optionaler Anschluss: Tour E

23 km Westlich des Zentrums findest du über Tolbodgade und Grønløkkevej den Middelfartvej/E 20 Richtung Middelfart. In Skallebølle biegst du im Kreisverkehr in Richtung Skallebøllecentret ab und fährst bis Tommerup, wo du nach rechts Richtung Lilleskov abzweigst. Dort geht's für dich scharf nach links Richtung Skovstrup. Die Straße führt bis zur Einmündung Richtung Ørsted auf den breiteren Skovstrupvej. Den verlässt du links Richtung Danmarks Fugle Zoo über den Skovvej.

Danmarks Fugle Zoo

Ein 2-km-Rundweg führt an 800 Vögeln (150 Arten) in Volieren vorbei. Papageien und Eulen sind die Stars. Das Ganze ist mehr Naturpotpourri denn Garten, durchsetzt mit Bänken. Dazu kommen drei Grillplätze und ein Kinderspielplatz mit Streichelzoo. Der Zoo gehört zum Campingverbund Pintrip und bietet 15 kostenlose Stellplätze auf Gras ohne Strom an.

März–Nov. 10–16, Juni–Aug. 10–18 Uhr | Skovvej 50 | Tommerup | danmarksfuglezoo.dk | 160 DKK | 2 Std.

18 km Auf der Straße Skovvej brichst du nach Süden auf. Hinter Nårup triffst du auf die R 168, der du nach rechts folgst. Nach wenigen Minuten nimmst du links den Abzweig nach Flemløse. Gegenüber der Kirche von Flemløse liegt links ein Parkplatz (*GPS: 55.251041, 10.067557*). Du setzt die kurvige Streckenführung im Innern Fünens auf der Langgade fort und biegst bald auf die 323 nach links ab, um diese schnell nach links auf dem Heedvej Richtung Dreslette wieder zu verlassen. Das Sträßchen befährst du bis zum Nørrelundsvej, von dem du wieder nach links auf den engen Kirkevej abbiegst und dann an der roten Kirche parkst.

Das große Fachwerkgebäude bei der Kirche von Flemløse ist äußerst fotogen und typisch für das Märchenhafte an Fünen.

Dreslette Kirke

Wie viele Kirchen auf Fünen liegt auch diese auf einem Hügel. Die Aussicht vom Turm ist beglückend.

Tgl. 8–16 Uhr | frei | GPS: 55.226149, 10.037117

5 km Wende dich zurück über den Kirkevej und biege links in den Nørrelundsvej, den du bald links für die Straße Lange Gyde verlässt. Die wird zur Straße Birkeland. An der nächsten Kreuzung geht's rechts in den Brydegaardsvej, danach wieder links in den Helnæsvej.

Agernæs Havn

Nur wenige Boote stehen auf ihrem Kiel in dem kleinen Schutzhafen ohne Hafenbetrieb an Land. Meerforellenangler zieht's in diese Einsamkeit (*15 Stellplätze, 7 mit Strom | Toilette | GPS: 55.199908, 9.987393*).

Insider-Tipp
Grüngelbes Gold

Der Strand an der Küste ist für Wanderer und Wasserratten toll – nachts suchen Bernsteinsammler mit Schwarzlichtlampen.

9 km Südwärts bringt dich der Helnæs Byvej auf die gleichnamige Halbinsel, zunächst über einen Straßendamm mit einem schönen Aussichtsparkplatz. Bald danach erreichst du an einer Kreuzung eine Kunstgalerie.

Galleri Langager

Im Gebäude stellen etliche dänische Künstler aus, du findest auch preiswerte Mitbringsel wie z. B. Holzarbeiten. Ein wunderschöner Ort! Mit Café.

i April–Okt. oft tgl. 11–17 Uhr, manchmal nur Do–So | frei | Preise ab 100 DKK | gallerilangager.dk/udstillinger | 1 Std.

7 km | Von hier geht's links zum Helnæs Strand und rechts zum Leuchtturm.

Helnæs Fyr & Helnæs Strand

Der Leuchtturm ist einer der schönsten des Landes. Zur Steilküste führt eine Treppe. Helsnæs Strand bietet ein sandiges, seichtes Badegebiet.

40 km | Du fährst zurück und biegst vom Helsnæsvej Richtung Snave ab. Immer ostwärts, fädelst du dich schließlich auf die 329 nach Faaborg ein.

Ziel & Spot 10

Faaborg
Hafenstädtchen mit Inseln und Hügeln in Reichweite ▶ S. 94

Optionaler Anschluss: Tour D

FARBENFROH

Kunst hat Konjunktur in Dänemark. Die Galerie Langager zeigt's und lädt zum Kauf.

Spot 8

Middelfart

Wo der Lillebælt zwischen Fünen und Jütland rauscht

Der Kleine Belt – die Dänen sagen: Lillebælt – verjüngt sich zur Meerenge zwischen Middelfart auf Fünen und Fredericia auf Jütland. Zwei Brücken verbinden die Landflächen. Die Stahlstreben der alten Lillebæltbrücke kannst du 20 m überm Verkehr wie ein Bergsteiger überklettern. Auf dem Wasser kannst du zur Schweinswalsafari segeln. Handwerkskunst gibt es im Keramikmuseum mit Weltniveau. Schließlich lockt das nahe Vejle mit neuer Architektur, Kunst und Dänemarks wichtigsten Runen.

P *Kostenloses Parken am Hafen von Middelfart | GPS: 55.507536, 9.727184*

ROT UND RETRO

Das Henner Friisers Haus am Fischmarkt in Middelfart erzählt vom Schweinswalfang im Kleinen Belt.

AKTIVITÄTEN & SIGHTSEEING

1 Hoch über der Lillebæltbrücke die Aussicht genießen

Mut zum Risiko – gut gesichert. Steige der alten Brücke über den Kleiner Belt ins Gestänge – bitte schwindelfrei. Die Tour beginnt am Velkomstcenter, wo du für die zweistündige Kletterei eingekleidet wirst. 60 Meter überm Wasser erklärt der Guide Natur, Architektur und Brückenbau, während unter dir Autos und Züge für Vibration sorgen. ***Infos:*** *Tgl. März–Okt. 10–19 Uhr, bis zu 9 Touren | 340, Kinder ab 1,40 m 265 DKK | 20 Teilnehmer | Treffpunkt Galsklintvej 2 | Middelfart | Tel. +45 88 32 58 00, 9–14 Uhr | bridgewalking.dk | 2 Std.* ***Parken:*** *GPS: 55.511030, 9.700444*

2 Hindsgavl Dyrehave

Im Tierpark neben dem Brückenzentrum kann man mit der ganzen Familie eine Hirschwanderung machen und sich auf Picknickbänken am Naturzentrum stärken (die Wanderwege sind zwischen 1,6 und 9,5 km lang). ***Infos:*** *Frei zugänglich | Adresse wie Brückenzentrum (Nr. 1, s. o.)*

3 Auf Schweinswalpirsch im Lillebælt segeln

Middelfart war Dänemarks einzige Walfangstation. Man jagte den heute geschützten mannsgroßen Schweinswal *(marsvin)*. Im Sommer kannst du mit verschiedenen Motorseglern vom alten Hafen aus im Belt hinausfahren, Wale bei der Heringsjagd beobachten und mittels Horchgerät ihre Klicks verfolgen. Abgerundet wird die Tour durch den Besuch des Museums **Henner Friisers Hus,** einem Renaissancegebäude. ***Infos:*** *Hvalsafari: 3–4 x wöchentl. | 20. Juni–12. Aug. | 2 Std. ab 235, Kinder 165 DKK | Tel. +45 51 92 12 34; Henner Friisers Hus: Mitte Mai–Mitte Sept. Di–So 12–16 Uhr | ab 30 DKK | Brogade 8 | Middelfart | middelfart-museum.dk*

4 Vejle & Jellinge

Der 85-km-Rundtrip führt dich über die 171 nach Vejle (30 km), wo du spektakuläre neue Architektur im Jachthafen findest. Bølgen ist ein wellenförmiges Apartmenthaus von Henning Larsen Architects. Der vierteilige zylindrische Bau Fjordenhus stellt Kunstwerke seines Schöpfers Ólafur Elíasson aus. 12 km weiter über die 442 reist du gut 1000

REGENTAG – UND NUN?

5 Im CLAY Keramikmuseum Kunst bewundern

Das Clay Museum of Ceramic Art hat Weltniveau, seit das Grimmerhus von 1857 unterirdisch erweitert wurde und wird. Neben der Präsentation königlichen Porzellans und der 240-jährigen Geschichte dänischen Handwerks gibt es famose Wechselausstellungen und ein Café. Lustwandeln kann man durch einen Skulpturenpark. ***Infos:*** *Di–So 10–17 Uhr | 140 DKK, Kinder frei | Kongebrovej 42 | Middelfart | claymuseum.dk*

Jahre in der Zeit zurück und besichtigst die mit Runen übersäten Jellingsteine – Weltkulturerbe und „Taufschein Dänemarks" – neben Kirche, Hügelgrab und Erlebniszentrum Kongernes Jelling. ***Infos:*** *Fjordenhus So–Do 8–20, Fr, Sa bis 22 Uhr | frei; Jellingsteine immer frei zugänglich; Kongernes Jelling tgl. Mai–Okt. 10–17 Uhr | visitvejle.de*

ESSEN & TRINKEN

6 Café Razz

Das Restaurant an der Hafenpromenade mit großem Außenbereich punktet mit der tollen Lage am Wasser. Burger und Tapas sowie das Brunchbuffet am Wochenende werden da zur Nebensache, sind aber okay. ***Infos:*** *Mo–Do 10–22, Fr, Sa 9.30–3, So 9.30–22 Uhr, | Havnegade 30 | Middelfart | caferazz.dk | €€*

7 Guldkronen

Gemütliches Gesellschaftslokal und Pub (Raucherbereich) hinterm Café Razz. Die Terrasse schaut auf den zentralen Platz. Gute traditionelle dänische Küche, etwa gefüllte Blätterteigtörtchen *Tarteletter*. *Smørrebrød* von 11 bis 15 Uhr. ***Infos:*** *Tgl. 10–23/24 Uhr | Torvet 2 | Middelfart | guldkronen.dk | €€*

8 Ti Trin Ned

„Zehn Stufen runter" heißt der rustikal-edle Esstempel mit Stern in Fredericia, dem planquadratisch angelegten Festungsort aus der Rennaissance. Der Bayer Reiner Gassner und seine Frau Mette tischen raffiniert zelebrierte lokale Produkte auf, meist vom eigenen Hof und aus Wäldern und von Feldern des Naturparks Lillebælt. Die Menüs mit Wein- oder Saft-Pairing sind preiswerter als Kopenhagener Sternemenüs. ***An-***

ERSTE REIHE

Dicht stehen, aber luftig picknicken kannst du auf dem Fænø Odde Rastplatz gegenüber der Insel Fænø.

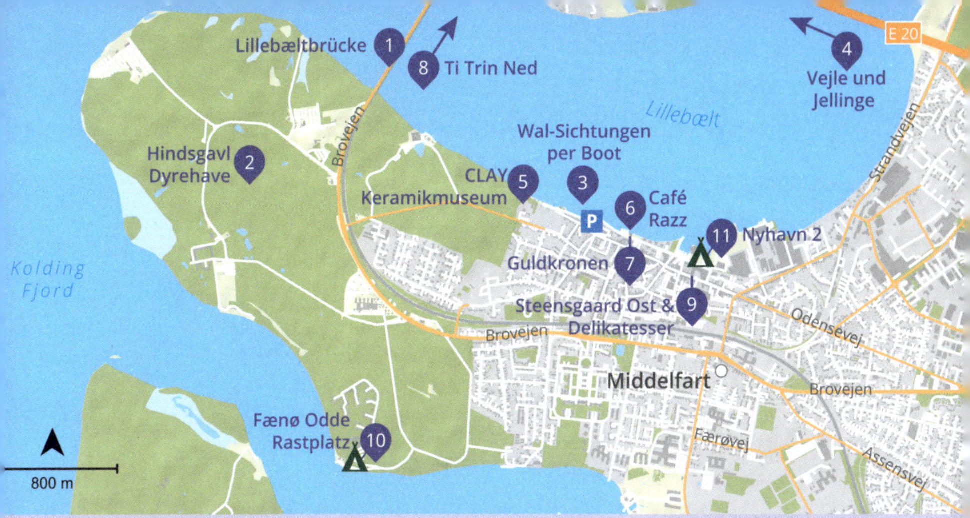

fahrt: In Jütland, 10 km von Middelfart. ***Infos:*** *Mi–Sa 18–24 Uhr | Toldkammeret 9 | Fredericia | Tel. +45 75 93 33 55 | titrinned.dk | €€€*

EINKAUFEN

9 Steensgaard Ost & Delikatesser

Im hübschen Käseladen kannst du dich mit etlichen guten dänischen Käsesorten für die Reise eindecken sowie Käse- und Wursttapas im Schälchen erstehen und am Womo genießen. ***Infos:*** *Mo–Do 9–17.30, Sa 9–14 Uhr | Østergade 14B | Middelfart | middelfart.steensgaard.dk*

Insider-Tipp
Frisch angerührt
Rørt Flødeost ist ein preisgekrönter dänischer Frischkäse.

STELL- & CAMPINGPLÄTZE

10 Zwischen Lillebælt und Wald

Der lange, schmale Parkplatz an der engsten Stelle des Lillebælt liegt herrlich gegenüber der privaten Insel Fænø neben deren Bootsanleger. Es gibt Bänke zum Wasser hin und das Übernachten auf dem Wanderparkplatz wird toleriert. Bei Ebbe Seesterne am Uferpfad.

Fænø Odde Rastplatz

frei | Oddevejen | Middelfart
GPS: 55.494337, 9.703894

- **Größe:** *10 Stellplätze, die Hälfte zum Übernachten*
- **Ausstattung:** *Nur Toilette*

11 Praktischer Hafenparkplatz

Zentraler Schotterparkplatz für Autocamper zwischen Kulturzentrum Kulturøen, Baustelle und Hafenbassin. Schranke mit Ticketausgabe, Kartenzahlung dann am Automaten. Nichts für Lärmempfindliche, es wird erst spät ruhig.

Nyhavn 2

€€ | Havnegade 4 | Middelfart
nyhavn2middelfart.dk/autocamperplads
GPS: 55.504910, 9.737267

- **Größe:** *20 Stellplätze*
- **Ausstattung:** *Komplett*

Spot 9

Odense

Fünens Hauptstadt erfindet sich und den Märchendichter neu

Vom fünischen Odense wanderte einst der junge Hans Christian Andersen ins ferne Kopenhagen. In einem modernen Museum sind seine Märchen inzwischen in digitaler Erzählform angekommen. Während du die Innenstadt noch im Renaissancestyle vorfindest, trägt die Hafencity neue nordische Kleider. Ein spannender Skulpturenpark ist mit dem Bus erreichbar, für den Tagestrip auf die Halbinsel Hindsholm mit Ganggräbern nimmst du das Womo.

P *Preiswertes Parken in der Christiansgade 20, 700 m vom H. C. Andersens Hus | GPS: 55.396879, 10.397954*

MÄRCHEN RELOADED

Wie eine Mischung aus Tempel und Bungalow wirkt das H. C. Andersens Hus.

AKTIVITÄTEN & SIGHTSEEING

1 Im H. C. Andersens Hus Märchen neu sehen

Fast versteckt sich das 2021 eröffnete Museum von H. C., wie die Dänen ihn salopp nennen, hinter einer Fachwerkhauszeile, dort wo der Märchendichter 1805 geboren wurde. Dahinter entfaltet sich nun eine Bühne mit abgesenktem Garten und drei von Fachwerk inspirierten Pavillons mit Café, Kinderwerkstatt und Foyer. „Rätsel, Vorstellungskraft und magisches Abenteuer" der 157 Märchen Andersens wollte Stararchitekt Kengo Kuma mit seinem Bauwerk vermitteln. Das oberirdische Foyer wirkt wie das Innere eines Baums und führt zu unterirdischen Räumen, in denen Klang, Licht, Bilder und interaktive Exponate kombiniert sind. Getreu dem modernen Museumskonzept gibt's Audioguides statt Infotafeln. ***Infos:*** *Meist tgl. 10–17, Juli–16. Aug. 10–20, sonst 10–16 Uhr | 165 DKK, Kinder frei | Tickets nur online buchbar | H. C. Andersen Haven 1 | Odense | hcandersenshus.dk | 1–2 Std.*

2 Im Hollufgård Slotspark inspiriert werden

Eine herrliche Parklandschaft mit jährlich wechselnden Skulpturen wartet nur 8 km südlich des Zentrums auf dich. Entdecke einen sich selbst überlassenen Wald mit Resten des Herrenhauses und den ursprünglichen Renaissancegarten. ***Infos:*** *24/7 | frei | Hollufgårds Allé 26 | Odense | Bus 26 Richtung Fraugde | 2 Std.*

3 Inselgeschichte im Møntergården entdecken

Der Fokus im modernen Haupthaus des kulturhistorischen Museums liegt auf der Geschichte Fünens und Odenses. Unter den alten Dächern lernst du viele Charaktere kennen – der älteste Däne ist der Kølbjerg-Mann im Haupthaus, Reste eines Moorfunds von 8000 v. Chr. ***Infos:*** *Mitte Jan.–Mitte Juni, Sept.–Dez. Di–So 10–16 Uhr, ab 24. Mai auch Mo, Mitte Juni–Aug. tgl. 10–17 Uhr | 100 DKK, Kinder frei | Kombiticket mit H. C. Andersens Hus 165 DKK, Kinder frei | Møntestraede 1 | Odense | museumodense.dk | 2–3 Std.*

4 Aufbrechen zu Megalithen und Lagunen

Ein Ausflug zur Moränenlandschaft der Halbinsel Hindsholm: Besonders die bei-

REGENTAG – UND NUN?

5 Im Brandts Kunstmuseum staunen

Odense ohne Fachwerknostalgie: In einer Textilfabrik inspiriert dich das Museum für Kunst, visuelle und Medienkultur. Zehn künstlerische und popkulturelle Ausstellungen im Jahr, die einen Spagat zwischen dänischer Hofmalerei, Magnumfotografie und Podcasts hinlegen. Café und Kunstbuchladen machen selbst einen Regentag perfekt. Brillant! ***Infos:*** *Di–So 10–17, Do bis 20 Uhr | 140 DKK, Kinder frei | Amfipladsen 7 | Odense | brandts.dk | 2 Std.*

den Lagunen am Ende sind faszinierend. Hier leben 200 Kreuzottern. Unterwegs steigst du in 5000 Jahre alte Ganggräber *(Hesthøj: GPS: 55.551457, 10.670460; Marhøj: GPS: 55.558898, 10.662105)*. Im Hofladen Fynshoved Café & Gårdbutik stärkst du dich mit Fleisch vom Galloway-Rind und heimischen Lamm. **Anfahrt:** *40 km über 165, 315* **Infos:** *Fynshoved Café & Gårdbutik Juni–Aug. Mi–So 12–17 Uhr | Nordskov | GPS: 55.591786, 10.628208*

Insider-Tipp

Allee mit Vitamin C

Zwischen Martofte und Nordskov fährst du durch eine seltene Allee von Elsbeerbäumen. Die Beeren sind ab Juni essbar.

ESSEN & TRINKEN

6 Værdsat

Wie der Name sagt, wirst du die Küche wertschätzen. Ob als 5-Gänge-Menü oder mittwochs und donnerstags (17 und 19.30 Uhr) während deiner für zwei Stunden gebuchten *Smørrebrød*-Sitzung – echte Hingucker. **Infos:** *Tgl. 11–23 Uhr | Kongensgade 31b | Odense | Tel. +45 53 54 41 23 | værdsat.dk | €€*

7 Nordatlanten i Nordatlantisk Hus

Raus aus der Gemütlichkeit und rein in nordische architektonische Moderne im Nordatlantikhaus in der neuen Hafencity. Im Restaurant Nordatlanten gibt es französisch angehauchte dänische Küche – den Fisch verdaust du mit isländischem oder färingischem Schnaps. **Infos:** *Mo–Fr 12–23, Sa 10–23, So 10–16 Uhr | Nordatlantisk promenade 1 | Odense | nordatlantiskhus.dk | Tel. +45 66 13 70 85 | €€*

8 Bar Unika

Entzückender Ort zum Verweilen zwischen Restaurantmeile Vestergade und dem Brandts. Die kleine Bar mit Außenbereich ist ein von Frauen geführtes

KANAL-IDYLL

Um rücksichtsvolles Campieren bittet der Kleingartenverein am Odense Kanal Parkplatz.

Café, das u. a. vegane Salate und reichhaltige Cerealien-Bowls serviert. ***Infos:*** Mo–Sa 9–18, So 10–16 Uhr | Brandts Passage 2 | Odense | barunika.dk | €–€€

Insider-Tipp
H. C. mit Shot
In der Bar Unika zum Cocktail „Siesta" (mit Tequila) Skulpturen zum Märchen „Des Kaisers neue Kleider" betrachten.

EINKAUFEN

9 Kramboden

Ein waschechter Kramladen, in dem du nach Herzenslust stöbern kannst. Verliere dich zwischen Vintage-Objekten, Antikem und Nippes. ***Infos:*** *Di–Fr 11–17.30, Sa 10–15 Uhr | Nedergade 24 | Odense | @krambodendk*

STELL- & CAMPINGPLÄTZE

10 Auf dem Rasen am Kanal

Trotz des nahen Heizkraftwerks sehr gemütliche und ruhige Stelle, an der du den Bootsverkehr mit Muße beobachten kannst. Die benachbarten Schrebergärtner laden dich explizit zum Campen ein und bitten um Sauberkeit. Nicht weit bis zur City.

Odense Kanal Parkplatz ☼

frei | Østre Dæmning/Østre Kanalvej | Odense
GPS: 55.436718, 10.421804

- **Größe:** *4 Stellplätze auf Gras*
- **Ausstattung:** *Keine*

11 Zentral & praktisch

Im neu gestalteten Kanalhafen hinterm Nordatlantisk Hus stehst du praktisch und preisgünstig auf einem einfachen Parkplatz für eine Stunde gratis, danach zahlst du per App. Nebenan liegt ein schönes Waldgebiet für einen morgendlichen Spaziergang.

Hafenparkplatz Polenkaj

€ | Polenkaj 2 | Odense
GPS: 55.406738, 10.377017

- **Größe:** *60 Stellplätze*
- **Ausstattung:** *Keine*

Spot 10

Faaborg

Hafenstädtchen mit Inseln und Hügeln in Reichweite

Das urtümliche Faaborg wartet mit vielfältigen Aktivitäten auf. Der 7000-Seelen-Ort liegt herrlich am flachen und recht warmen südfünischen Inselmeer Øhav. Ein Inselausflug ohne Womo liegt also nahe. Auf der anderen Seite von Faaborg wiederum solltest du dir eine Tageswanderung in den hügeligen, bewaldeten Fünischen Alpen gönnen. Besuche im Kunst- und Naturmuseum plus ein schräger Brunnen nebst einem echten Thai-Dinner runden deinen Stopp ab.

P *Parkplatz mit Womobuchten am Bånegardspladsen gegenüber der SOZE Kaffeebar | GPS: 55.093602, 10.245185*

SCHWEDENGELB

Die Wetterschutzfarbe steht Faaborgs Fachwerk gut.

AKTIVITÄTEN & SIGHTSEEING

1 Sinnliche Naturerfahrungen im Øhavsmuseet machen

Dänemarks erstes Naturmuseum will seine Besucher durch atmosphärische Installationen aus Licht und Geräuschen sinnlich erleben lassen, dass sie Teil der Natur und damit von etwas Größerem sind. Du wirst hier selber aktiv, indem du dich via Fernbedienung und Kopfhörern durch fünf Zeiträume tastest. ***Infos:** Di–Fr 11–16, Sa, So 10–16 Uhr | 105 DKK, Kinder frei | Havnegade 3 | Faaborg | ohavsmuseet.dk | 1–2 Std.*

2 Im Svanninge Bjerge Höhen erklimmen

Auf in die Fünischen Alpen! Die bewaldeten Hügel nordöstlich von Faaborg erheben sich 128 m aus dem südfünischen Inselmeer (Det Syfynske Øhav) und bilden Dänemarks bestes Wanderterrain. Das Gebiet Svanninge Bakker inspirierte dänische Maler um 1900 – Beweise gibt's im Faaborg Museum (▶ s. u. Nr. 5). Im nahen Svanninge Bjerge läufst du ein Stück des 220-km-Inselmeerpfads (Øhavsstien) oder lokale Rundrouten (Biken verboten) mit viel Auf und Ab. ***Infos:** de.naturstyrelsen.dk/naturerlebnisse/natur-guide/svanninge-bakker/sehenswuerdigkeiten | kostenlose App: Geopark Det Sydfynske Øhav* ***Parken:** Svanninge Bakker | Odensevej 5 km | GPS: 55.126235, 10.255282; Svanninge Bjerge | Odensevej, Nyborgvej 5 km | GPS: 55.123380, 10.274284*

3 Ymerbrønden

Die Brunnenskulptur schildert lustvoll nordische Genesis. Die glänzende Bronze (Kai Nielsen, 1913) zeigt den sich windenden nackten Vorzeitriesen Ymer, der aus dem Euter der Kuh Audhumbla trinkt. Der zweigeschlechtliche Riese gebar Kinder, aber die ersten Götter Odin & Co. töteten den Urvater und schufen aus seinem Körper die Erde, während die Kinder fast alle im Blut des Vaters ertranken. Als Fotomotiv ist der Klassiker ein würdiges Finale deines Stadtrundgangs. Übrigens: Ymer ist in Dänemark ein Sauermilchgetränk.

4 Avernakø & Lyø

Vor Faaborg lockt die Inselwelt der dänischen Südsee. Lyø und Avernakø sind je etwa 6 km² groß und haben rund 100 Einwohner. Avernakø streckt sich lang und schmal, hat kleine Jachthäfen und eine 19 km lange Küste mit vielen Stellen zum Angeln sowie Baden im relativ warmen

REGENTAG – UND NUN?

5 Faaborg Museum

Vor gut 100 Jahren als Gesamtkunstwerk entworfen, bestechen Architektur, Mobiliar und Fußbodendesign bis heute. Die Wände sind dicht behängt und kreieren einen Kosmos aus alter Fünenmalerei und zeitgenössischen Ausstellungen. ***Infos:** Di–So Juli 10–18, Aug. 10–17, sonst 11–16 Uhr | 110 DKK, Kinder frei | Grønnegade 75 | Faaborg | faaborgmuseum.dk | 1,5 Std.*

Wasser. Lyø ist eiförmig mit einer Anhöhe, einsamen Stränden, einer Dorfidylle und fünf Dolmen aus der Jungsteinzeit. Die Fähre fährt achtmal am Tag und bedient beide Inseln. ***Infos:*** *Avernakø Fahrt 30 Min., Lyø Fahrt 45 Min., Avernakø–Lyø 30 Min. | Rückfahrticket über beide Inseln 130 DKK, Fahrrad 50 DKK | oefaergen.fmk.dk/sejlplan | avernak.dk*

Insider-Tipp
Wunschgong *Schlage dem Dolmen Klokkesten (Glockenstein auf Lyø) auf den Deckel und wenn es klingt, wünsch dir was!*

ESSEN & TRINKEN

6 Dang Ved Brønden

Das Ambiente von typischem alten Faaborg-Haus und Thai-Restaurant harmoniert und hat Charme. Die Mahlzeiten sind genuin thailändisch vom Bananenblatt bis zu Cashewnüssen und Ingwer. Der Fokus liegt mehr auf Gemüse als auf Fleisch. ***Infos:*** *Do–Mo 17–21, Sa bis 22 Uhr | Torvet 5 | Faaborg | Tel. +45 62 61 11 35 | dangvedbronden.dk | €€*

7 Kompasset

Das einfach gestaltete Restaurant am Lystbådehavn kann jede Menge hungrige Segler und Autocamper durchfüttern und wartet in Poleposition mit super Hafenblick auf. Das Rumpsteak mit Pilzsauce ist der Renner. ***Infos:*** *Tgl. 12–21 Uhr | Værftsvej | Faaborg | Tel. +45 21 44 00 50 | €€*

8 SOZE Kaffebar & Risteri

Café und Rösterei mit leichten Mahlzeiten aus europäischen Küchen im Helios Kino- & Kulturzentrum, das durch

IM MASTENWALD PARKEN

Am Lystbådehavn Faaborg legst du neben Segelbooten an.

postmoderne Bauart und nächtliche Lichtinstallation deutlich aus dem Fachwerkszenario Faaborgs heraussticht. Smoothie auf der Terrasse mit Aussicht. ***Infos:*** *Tgl. 10–19 Uhr | Banegaardspladsen 7 | Faaborg | €–€€*

9 Falsled Kro

7 km nordwestlich der Stadt sind die exquisiten Menüs mit Gemüse und Kräutern aus eigenem Garten den Ausflug (und die hohe Rechnung) wert. Im besten Sinne unschickes Ambiente. Fotogener Fachwerkhof von der Straße, an den sich zur Gartenseite ein Pavillon anschließt. ***Infos:*** *April–Aug. Mo–Sa Küche 12–14 u. 18–20 Uhr, Bar bis 1 Uhr | Assensvej 513 | Millinge | Tel. +45 62 68 11 11 | falsledkro.dk | €€€*

STELL- & CAMPINGPLÄTZE

10 Hafenflair mit Ausgehmöglichkeit

Typisches Jachthafenflair mit dem üblichen Hafenpreis. Ein Restaurant und die kleine Werft liefern hier echte Pluspunkte fürs Ambiente. Leider keine Entsorgung für Toilette und Wasser in der Nähe. Automatenzahlung beim Restaurant Kompasset.

Stellplatz Lystbådehavn Faaborg

€€ | Værtsvej 15 | Faaborg
GPS: 55.096489, 10.233767

- **Größe:** *16 Stellplätze*
- **Ausstattung:** *Komplett, aber ohne Entsorgung*

11 Grünes Paradies zwischen Stadt und Wandergebieten

Nur 2,5 km nördlich der City am Odensevej liegt der schöne, freundliche und saubere Campingplatz ideal auf halbem Weg zwischen der Stadt und dem Wandergebiet Svanninge Bjerge – der Svanninge Bakker Parkplatz mit dem Restaurant Skovlyst (*€€ | tgl. 11–22 Uhr | skovlyst.dk*) ist sogar nur 1,3 km entfernt. Für deinen Hund zahlst du täglich 15 DKK extra.

Faaborg Camping

€€€ | Odensevej 140 | Faaborg
Tel. +45 62 61 77 94 | faaborgcamping.dk
GPS: 55.116712, 10.245939

- **Größe:** *111 Stellplätze und 8 Hütten*
- **Ausstattung:** *Komplett*

WIE GEMALT

Blick aus dem alten Buchenwald auf die mächtigen Kreideklippen Møns Klint

Tour D

Inselhüpfen in der dänischen Südsee
Von Flensburg zur Insel Møn

Start – **Flensburg**

81,5 km

Spot 11 – **Ærø** ▶ S. 110

38 km

Spot 12 – **Svendborg** ▶ S. 114

127 km

Spot 13 – **Nakskov** ▶ S. 118

120 km

Ziel & Spot 14 – **Insel Møn** ▶ S. 122

Von Flensburg zu den Kreideklippen auf Møn legst du dir viele Eilande in den Weg und mäanderst durchs Südfünische Inselmeer. Über Als geht's nach Ærø, Fünen, Skarø, Tåsinge, Langeland, Lolland-Falster bis nach Møn. Die Hafenorte Svendborg und Nakskov nutzt du als Sprungbretter ins Inselleben. Fürs Eisessen auf Skarø, eine Obstkur auf Fejø und die Förde von Nakskov lässt du das Womo mal stehen und radelst oder wanderst. Während deiner Stopps testest du Wein aus Kirschen, Bier aus Molke und diverse Destillate.

FACTS

Strecke 366,5 km

Reine Fahrzeit 8 Std.

Streckenprofil Immer auf gutem Belag mit manchmal schmaleren Wegstücken. Auf der Route liegen vier Fährtrips zwischen 12 und 75 Min.

Empfohlene Dauer 6–10 Tage

Anschlusstouren A C E

Tour D im Überblick

Tour-Highlights

Die Ostsee-Verteidigung im *Koldkrigsmuseet* auf *Langeland* checken ▶ **S. 105**

Dich im Skulpturenwald des *Tranekær Slot* auf *Langeland* verlaufen ▶ **S. 107**

Die kitschig-schönen *Badehäuser* auf *Ærø* knipsen ▶ **S. 111**

Den *Dodekalitten* auf *Lolland* zuhören ▶ **S. 119**

Dich in die Kreideklippen und Altwälder von *Møns Klint* verlieben ▶ **S. 123**

D Tourenverlauf

LOS GEHT'S!

Start **Flensburg**

19 km Vom Zentrum Flensburgs sind es über die B 200 nur knapp 10 km bis zum Grenzübergang bei Kruså. Du kannst auf deinem Weg in den Norden alternativ auf der A 7 bleiben und beim kleinen Rastplatz Ellund die Grenze überqueren. Direkt nach der Grenze durchfährst du den Ort Kruså und hälst dich nach dem Ortsausgangsschild rechts Richtung Sønderborg, um bald danach wieder rechts auf den Fjordvejen Richtung Kollund abzubiegen. Ab Kollund begleitet die Förde die Straße.

Optionaler Anschluss: Tour A

Sønderhav

Hier gibt's die bei Reisenden berühmten dänischen Hotdogs in **Annies Kiosk.** Zum Verdauen gehe doch ein paar Schritte auf dem Wanderweg **Gendarmstien** – bis 1958 war das der 84 km lange Patrouillenpfad der Grenzpolizisten *(gendarmsti.dk)*. Am Parkplatz stehen dazu Infoschilder.

P *GPS: 54.860045, 9.497916*

20 km Über den Fjordvejen/Route 401 rollst du ostwärts, überquerst in Egernsund eine Brücke und erreichst kurz vor Sønderburg Dybbøl.

Historiecenter Dybbøl Banke

Für Dänen ist die Monate dauernde Grenzschlacht um die „Düppeler Schanzen" im Zweiten Schleswigschen Krieg ein markanter Blutzoll. Am 18. April 1864 überrannten die Preußen die dänischen Stellungen bei der Mühle von Dybbøl. Das Geschichtszentrum klärt modern medial auf, daneben ragt die wiedererrichtete Mühle auf.

i *Dybbøl Banke April–Okt. tgl. 10–17 Uhr | 140, Kinder 80 DKK; Dybbøl Mølle April–Okt. tgl. 10–16, Ferien bis 17 Uhr | 50, Kinder 25 DKK | 1864.dk | 1–2 Std.*

P *GPS: 54.906671, 9.753288*

Insider-Tipp
Gemeinsame Wundpflege

Übersehbar, aber wichtig: Ein Gedenkstein beim Parkplatz erinnert an das Geburtsjahr des Roten Kreuzes.

3,5 km | Überquere den Sund via Klappbrücke und halte dich rechts zum wuchtigen Schloss.

Sønderborg Slot

Seit 2020 ist das aus Backstein am Hafen errichtete Schloss im Stilmix aus Renaissance und Barock renoviert. Wenn du tiefer in die spannende Grenzgeschichte eintauchen willst, bist du im **Museum på Sønderborg Slot** richtig.

i April–Okt. tgl. 10–17 Uhr, sonst Mo geschl. | 110 DKK, Kinder frei | msj.dk/soenderborg-slot | 1–2 Std.

39 km | Bis zur Fähre in Fynshav rollst du durch liebliche, von Hecken gesäumte Felder. Seit Sønderborg bist du auf der Insel Als unterwegs. In Fynshav schiffst du dich zur Insel Ærø ein. Die Überfahrt durchs Südfünische Inselmeer (Sydfynsk Øhav) nach Søby dauert eine Stunde *(aeroe-ferry.dk)*.

TRUTZIGER CHIC

Die Grenzgeschichte ist im Schloss Sønderborg bestens aufgehoben.

D Tourenverlauf

Spot 11

Ærø
Verführerische Hauptinsel des südfünischen Inselmeers ▶ **S. 110**

38 km

Die Distanz zwischen dem westlichen Fähranleger Søby Havn und dem östlichen Ærøskøbing Havn quer über die Insel beträgt 16 km. Die Überfahrt nach Svendborg Havn auf Fünen dauert 75 Minuten *(Ærøfærgerne, bis zu 12 x pro Tag | aeroe-ferry.dk)*. Passend zum Inselmeer-Feeling passierst du die Inseln Hjørtø, Drejø und Skarø (▶ *S. 115*). Kurz vor Svendborg gleitet die Fähre unter der hohen Brücke von Fünen nach Tåsinge hindurch.

Spot 12

Svendborg
Sprungbrett für maritime und gaumenschmeichelnde Genüsse
▶ **S. 114**

Optionaler Anschluss: Tour C und Tour E

20 km

Tåsinge, dein nächstes Inselziel, erreichst du von Svendborg über die Brücke Svenborgsundbroen. Sie ist mit 1216 m etwa doppelt so lang wie der Sund breit ist und hat eine Durchfahrtshöhe von 33 m. Auf dem Wasser tummeln sich Segler und Kajakfahrer. Durch den Tunneleffekt des Sunds kann es oben windig und unten wellig sein. Die Durchfahrt von Tåsinge über die Route 9 unterbrichst du kurz, um bei der Kirche von Landet das Grab von Elvira Madigan zu besuchen.

Grab von Elvira Madigan

Die europaweit berühmte Artistin (1867–1889) wurde quasi unsterblich, weil sie mit ihrem Geliebten, dem schwedischen Adligen Sixten Sparre auf Tåsinge in den Freitod ging. Die gesellschaftlich als skandalös empfundene Liebe wurde 1967 von Bo Widerberg preisgekrönt verfilmt („Das Ende einer großen Liebe"). In **Landet** legen heute Hochzeitspaare ihren Brautstrauß auf das gepflegte Doppelgrab.

i GPS: 54.997385, 10.600308

24 km

Das letzte Stück der Fahrt nach Rudkøbing Havn auf der Insel Langeland führt über zwei Brücken und das dazwischen liegende Inselchen Siø. Die Querung der Insel Langeland von Rudkøbing Havn nach

Spodsbjerg Havn gegenüber Lolland bedeutete nur einen Katzensprung von 8 km. Aber Langeland birgt gerade für Flaneure im Womo wunderbar abseitige Ziele. Nimm dazu von Rudkøbing die betulich geradeaus führende Inselhauptstraße 305 nach Süden und verlasse sie in Humble westwärts Richtung Ristinge. Nach der schmucken Backsteinkirche in Ristinge kannst du an einer Gabelung wählen: rechts zum Hafen und links über den Halevejen nach Ristinge Hale (Landzunge). Links abbiegend erreichst du das Ende dieser Welt an einem famos einsamen Küstenparkplatz.

Ristinge Hale/Ristinge Havn

Das Steilufer Ristinge Klint wartet nur einen viertelstündigen Gang vom Parkplatz nach Süden. Nach Norden führt ein kleiner Naturdamm auf vorgelagerte Untiefen, die Langeland beinahe mit der 3 km entfernt liegenden Insel Ærø verbinden. Ab hier ist der Zugang wegen brütender Vögel von März bis Mitte Juli untersagt. Fahre südwärts zurück zur Gabelung und biege kurz links zum kleinen Hafen ab. Hier kannst du 2 km die Küste der Landzunge nordwärts laufen oder noch weiter.

i *Parkplatz Halevejen: GPS: 54.835980, 10.598701; Parkplatz Hafen: GPS: 54.832991, 10.637465 | langeland.dk/langeland/planlaeg-din-tur/gaatur-ristinge-klint-og-halvoeen-rundt-gdk1126019*

Im Mai gehen die Angler beim Parkplatz und in Hafennähe auf den skurrilen Hornhecht (Hornfisk). Chance auf ein tolles Sunsetfoto mit gern präsentiertem Fang – gegen die Sonne blitzen.

15 km Fahre zurück zur Route 305 – biege dazu abkürzend rechts auf den Nørreballevej ab. An der Hauptstraße weiter südwärts stößt du auf ein spannendes Museum über den Kalten Krieg umgeben von viel Grün.

Koldkrigsmuseet Langelandsfort

Zwischen 1953 und 1993 bewachte die dänische Marine für die NATO hier die Schiffsbewegungen des Warschauer Pakts zwischen Ostsee und Atlantik. 14 Betongebäude, ein U-Boot, ein russischer MIG-Schwenkflügler und viele mehrsprachige Erklärtafeln lassen erkennen, wie unbeständig der Frieden anmutete und wie abschreckend die dänischen 150-mm-Geschütze sein sollten.

WILD IM MOOR

Langelands Exmoor-Ponys ähneln dem ausgestorbenen europäischen Wildpferd.

i Mai–Sept. tgl. 10–17, sonst 10–16 Uhr | 135/150 DKK, Kinder frei | Vognsbjergvej 4B | Bagenkop, Langeland | langelandsfortet.dk | 2 Std.

5 km Erneut auf der 305 Richtung Süden nimmst du gleich den Abzweig „Vilde Heste" über den Gulstavvej. Kurz bevor du das Straßenende am Steilküstenparkplatz Dovns Klint erreichst, parkst du linker Hand gegenüber einem Erklärpavillon zu den hier frei lebenden Ponys.

Vilde Heste

Als man hier 2003 eine Gruppe wildpferdartiger Exmoor-Ponys aussetzte, hatte man Landschaftspflege im Sinn. Mit Glück siehst du die Herde, wenn du auf den kleinen Hügel neben dem Pavillon kletterst und ein Fernglas mitnimmst. Suche auch nach Vögeln.

i Zutritt frei | Facebook: exmoor ponyer på langeland

P *GPS: 54.724982, 10.693724*

40 km Wende dich nordwärts zurück. Nach einem guten Kilometer kannst du links auf den sehr schmalen Søgårdsvej abzweigen und erreichst nach einem weiteren guten Kilometer den Parkstreifen für das Hulbjerg-Ganggrab (Jættestuen). Die etwa 5300 Jahre alte kleine Grablege liegt pittoresk unter einem 2,5 m hohen Hügel und erlaubt soeben noch den kriechenden Zugang bis in die Grabkammer *(GPS: 54.735766, 10.686693)*. Danach findest du wieder die Route 305, was auch über den kleinen Umweg über den Küstenort Bagenkop möglich ist. Durch die Inselmitte vorbei an Rudkøbing kommst du weiter nördlich zum Schloss Tranekær.

Tranekær Slot

Das beeindruckende rote Schloss, seit 1659 im Besitz einer Adelsfamilie, ist nicht zugänglich. Wohl aber der sinnliche Medizingarten Medicinhaverne sowie ein urwüchsiges Waldstück an einem See, in dem du etliche Skulpturen internationaler Landartkünstler aus natürlichen Materialien aufstöbern kannst (TICKON). Die wilde und philosophisch anregende Wanderung kann auf gut zwei Stunden ausgedehnt werden.

i *TICKON: Ganztägig | 50 DKK | tickon.dk; Medicihaverne: Ganztägig bei Tageslicht | 75 DKK | medicinhaverne.dk | 1 Std.*

Wintergartencafé und Souvenirmuseum
Mit etwas Glück hat die Schmuckdesignerin Janne Egstrøm ihr Café *(jannee.nu/cafe-orangeriet | €)* am Schloss geöffnet – ebenso ihren Designladen daneben. Mit noch mehr Glück triffst du auch das Souvenirmuseum im alten Schlosstheater geöffnet an *(souvenariet.dk)*.

11 km Die nächste Insel winkt – wende dich also zurück nach Süden über die Route 305 und steuere den Hafen von Spodsberg an.

Spodsberg Havn

Die Fährgesellschaft Langelandslinjen führt täglich bis zu 18 Überfahrten nach Tårs *(45 Min., 15 km)* auf der Insel Lolland durch.

i *Womos mit Insassen 271–400 DKK | langelandslinjen.de*

12 km Über die Route 9 und den nach rechts abknickenden Tårsvej findest du das an der Westküste Lollands gelegene Städtchen Nakskov.

Spot 13 **Nakskov**
Förde und Inselwelt wie aus dem Bilderbuch ▶ **S. 118**

D Tourenverlauf

32 km Verlasse Nakskov über den Maribovej nach Osten, fädle dich auf die Route 9 ein und biege rechts auf die 275 Richtung Søllested ab. Noch vor Søllested erreichst du die **Søllestadgaard Brasseriet** mit Hofladen, Brauerei und Restaurant *(brasseriet.dk)*. Wende dich zurück zur Route 9, biege rechts ein und fahre bis zum Kreisverkehr in Maribo, an dem du der Beschilderung zum Frilandsmuseet folgst und am Marktplatz parkst.

Insider-Tipp

Pintrip-Plätzchen

Søllestadgaards Gods gehört zum Womogastgebernetz Pintrip. Ein, zwei verschwiegene Waldplätze mit Feuerstelle und sonst nix. Kennt nicht jeder. Vorher anrufen (+45 33 23 24 25).

Maribo

Im Städtchen bereitet das Flanieren Vergnügen. Der **Dom** überrascht durch Größe und Traumlage an der Seenplatte. Hinter dem Dom kannst du zum **Freilichtmuseum De Gamle Huse** mit uralten Häuschen inmitten von Bauerngärten laufen. Daneben findest du in einem Wäldchen einen der hölzernen Riesentrolle von Thomas Dambo (▶ S. 130). Zurück auf dem Marktplatz genießt du im **Café Vin og Brød** Spezialitäten von Lolland und Fejø – etwa preisgekröntes Brot der Bäckerei Pabst.

i *Dom tgl. 9–17 Uhr | Klostergage 33; De Gamle Huse April–Aug. meist tgl. 10–17 Uhr, sonst kürzer | 90 DKK, Kinder frei; Café Vin og Brød Mo–Sa 6–21, So bis 17 Uhr | €–€€*

P *Am zentralen Marktplatz | frei*

54 km Über die Route 9 gelangst du gen Osten, überquerst die Brücke nach Nykøbing auf der Insel **Falster,** durchfährst das Städtchen über den Brovejen und die Skovalleen, findest die 271 und folgst ihr Richtung Stubbekøbing. Richtung Horbelev verlässt du sie nach rechts und biegst kurz vor diesem Ort wieder rechts an einer T-Kreuzung nach Horbelev ab. Du durchfährst das Örtchen und kommst über den Bønnetvej nach Hesnæs Strand. Direkt links liegt der kleine Hesnæs Havn.

Hesnæs Havn

Wunderschönes Hafenambiente! Hinter schmalem Ostseesandstrand mit Leuchtturm erstreckt sich seltener Buchenwald und ein Restaurant in einer umgebauten Fischhalle *(Spisebord & Bageri | z. Zt. wegen Renovierung nach Sturmschäden geschl. | Bønnetvej 65 b | Hesnæs, Falster | falsterskyst.com | €€)*. Speziell sind die reetgedeckten Häuser mit einer isolierenden Reetschicht an den Wänden. Nur vier Fahrminuten südlich wartet oberhalb der Küste das Restaurant Pomle Nakke *(Mai–Sept. meist Di–So Mittag und Dinner | Midtskovvejen 1 | Falster | Tel. +45 54 44 51 31 | €€)* mit toller Seeblickterrasse und Parkplatz.

34 km Fahre nordwärts über das Sträßchen Hesnæsvej, das in Aastrup in den Aastrupvej mündet. In **Aastrup** stoppst du für ein Foto der prominent stehenden rosafarbenen Kirche. **Stubbekøbing** an der 293 ist der nächste Wegpunkt. Dort legt im Hafen die alte Holzfähre „Ida" ab und bringt nebst vielen Radfahrern auch Womos in 12 Minuten über den Grønsund aufs Inselchen **Bogø** *(Mai–Sept. 11 Trips/Tag | 190 DKK | bogoe-stubbekoebing.dk)*. Drüben hüpfst du westwärts weiter über den Brückendamm zur Insel Møn. Du bleibst auf der Route 287 bis du in der Inselmitte im Hafenstädtchen Stege ankommst.

Ziel & Spot 14

Insel Møn
Bezauberndes Finale deiner Inselhüpferei ▶ **S. 122**

Spot 11

Ærø
Verführerische Hauptinsel des Südfünischen Inselmeers

Dies ist die größte der 55 Inseln des Südfünischen Inselmeers. Keine Brücke führt zu dem Eiland, das nur durch die Fähren nach Fynshav im Westen und von Marstal nach Svendborg auf Fünen im Osten angebunden ist. Marstal ist mit gut 2000 Einwohnern der größte Ort und fühlt sich maritim an, während Ærøskøbing wirkt, als hätte man den Titel für den schönsten dänischen Ort seit Jahrhunderten hierher vergeben. Womo stehen lassen, Räder mieten oder zum Inselwanderer mutieren.

P *Marstal* | *Kirkestraede 26* | *GPS: 54.852676, 10.517739; Ærøskøbing* | Havnekontor
▶ S. 113

TINY HOUSES

Die Strandhütten ohne Wasser und Strom auf Ærø sind Kult und dürfen nicht umgebaut werden.

AKTIVITÄTEN & SIGHTSEEING

1 An den Badehüttchen ein Fotoshooting machen

Auf Ærø ist die Zeit wie in einer Flasche eingesperrt – der Gedanke kommt dir, siehst du die ab 1920 errichteten 90 Badehüttchen bei **Eriks Hale** in Marstal (19) und **Vestre Strandvej** in Ærøskøbing (71). Zum Pachtvertrag gehört nämlich Optikschutz. Installation von Strom oder Wasser ist nicht gestattet. Die Hüttchen sind als Fotomotiv exemplarisch für das ungemein Pittoreske der Insel. Die Hälfte der 12 km langen Radstrecke zwischen den Badehusene führt direkt entlang der Nordküste. ***Infos:*** *Vesterstrand | Ærøskøbing | GPS: 54.897959, 10.403560; Erik Hale | Marstal | GPS: 54.844135, 10.522761*

2 Durch Ærøskøbing flanieren

Dänemarks am besten erhaltener Ort mit Häusern aus dem 18. Jahrhundert: Ærøskøbing. In diesem Städtchen scheint die Zeit konserviert. Rigoroser Denkmalschutz bei vielen Häusern der Stadt und ein ehrgeiziger Erhaltungsplan sorgen dafür, dass du in Ærøskøbing über altes Pflaster an einem Spalier aus Kletterrosen vor alten Häusern entlangspazierst. Der Marktplatz Torvet brummt vor Leben. ***Infos:*** *visitaeroe.de/aero/explore/aeroskobing-gdk773350*

Insider-Tipp
Tausche Womo gegen Bus

Von Ærøskøbing fährt stdl. ein kostenloser Bus über Ærø (aeroe-ferry.dk/images/pdf/aeroebus_koereplan.pdf).

3 Ærø erwandern und erradeln

Auf Ærø findest du 36 markierte Kilometer des insgesamt 225 km langen Pfads Øhavstien. Vom Hafen in Marstal läufst du entlang der Küste ins offene Land, über den Damm bei Gråsten Nor und weiter nach Ærøskøbing. Weiter geht's entlang der Küste vorbei an Borgnæs und am historischen Schlösschen Søbygaard nach Vitsø Nor, bevor der Weg in Søby endet. Geht natürlich auch stückweise und in der Gegenrichtung. Oder du leihst dir in Ærøskøbing, Marstal oder Søby ein Fahrrad *(90 DKK/Tag)* und durchstreifst die Insel. ***Infos:*** *Wander- und Radkarte Ærø Nr. 7 | visitaeroe.de/aero/explore/fahrrad-und-wanderkarte-mit-routen-auf-aero-gdk1133076*

REGENTAG – UND NUN?

4 Seglerwahrheiten erfahren

Es gab Zeiten, da war Marstal der wichtigste dänische Seehafen nach Kopenhagen. Das Maritime ist aber auch heutzutage in der Stadt noch überall spürbar – auch im **Marstal Søfartsmuseum.** Über 300 Schiffsmodelle, ein Schrumpfkopf, Gemälde, ein kletterbarer Mast, der Salon einer Dampffähre – nach dem Besuch wollen deine Kinder vielleicht Seefahrer werden. ***Infos:*** *Juni–Aug. tgl. 9–17, April, Mai, Sept. 11–16 Uhr | 85 DKK, Kinder frei | Prinsensgade 1 | Marstal | 1,5 Std.*

5 Mit dem Nachtwächter durch Ærøskøbing gehen

Wenn du mehr Details über die 750-jährige Geschichte des malerischen Orts wissen möchtest, kannst du im Sommer zu einer englischsprachigen Tour mit dem Nachtwächter aufbrechen. ***Infos:*** *Juli–17. Aug. So 20 Uhr auf Englisch, sonst Dänisch | ca. 90 Min., 2 km | 70 DKK | Buchung unter Tel. +45 40 46 66 75 | aeroetours.dk/buyvaegter*

ESSEN & TRINKEN

6 Ballast Bar Butik

Herzerwärmende Cocktailbar, Kneipe und Café am Hafen von Marstal. Du trinkst gemütlich Naturfrisk-Säfte von Fünen oder Havana Club Bier. In der Butik werden eigene Klamotten aus Bambus oder Biobaumwolle verkauft – klasse Mitbringsel. ***Infos:*** *Tgl. 10–23.30 Uhr | Havnepladsen 8 | Marstal | ballastaeroe.com | €*

7 Café Marstang

Funky ist der richtige Ausdruck für dieses erst mal einfache Café, in dem du dann ausgehöhlte Sauerteigbrote mit Füllungen wie Süßkartoffel-Curry, Fischsuppe oder Chili sin Carne verspeist. Gespräche über die Insel als Zwischengang. Vom Inselbier und Blaubeerkäsekuchen ganz zu schweigen. ***Infos:*** *Juni–Aug. Mi–Mo 12–21.30 Uhr | Kirkestræde 15 | Marstal | marstang.dk | €–€€*

8 Ærøskøbing Røgeri

Fischladen und -restaurant am Hafen, wie es sich gehört. Frischer Fisch mit Pommes oder Jomfruhummer oder einfach nur ein Fischbrötchen und dann raus auf eine Hafenbank. ***Infos:*** *Juli, Aug 10–21, sonst 11–19 Uhr | Havnen 15 | Ærøskøbing | €–€€*

9 Den Gamle Vingaard

Wenn du mal etwas feiner essen möchtest, etwa gebackene Austern,

WIE IN ALTEN ZEITEN

Auf Ærø kann man schnell nostalgisch werden.

arabisches Lammcurry oder gar die Beine der in Norwegen gefangenen Königskrabbe – hier ist's lecker, gemütlich und mehrsprachig. ***Infos:*** *Di–So 17–22 Uhr | Tel. +45 62 53 13 25 | Skolegade 17 | Marstal | den-gamle-vingaard.com | €€–€€€*

STELL- & CAMPINGPLÄTZE

10 Am Leuchtturm im Norden

Die Abgeschiedenheit am schönen, immer besteigbaren Leuchtturm und am Golfplatz 5 km nördlich des Fährhafens Søby machen den Schotterparkplatz attraktiv für eine Nacht, wenn du später am Tag ankommst. Sonnenunter- und aufgang sind toll, Picknicktische stehen unweit am steinigen Strand. Zahlung im Golfclubhaus.

Skjoldnæs Leuchtturm

€ | Ende Skjoldnæsvej | Søby
GPS: 54.969206, 10.207456

- **Größe:** *6 Stellplätze*
- **Ausstattung:** *Strom-Option (€€) und Toilette*

11 Auf Gras im Seglerhafen von Marstal

Ideal für eine frühe Fährfahrt nach Svendborg. Du stehst bei der Marina, hast einen Spielplatz vor der Campertür und auch der Ort und die Badehäuser von Eriks Hale sind nicht weit entfernt.

Autocamperplatz Marstal Marina

€€ | Sejlmagervej 5 | Marstal
GPS: 54.850016, 10.522460

- **Größe:** *10 Stellplätze*
- **Ausstattung:** *Komplett*

12 Parken, wo Jachten vertäut liegen

Am Südrand des Hafenbeckens stehst du auf der Mole außerhalb des netten Trubels von Ærøskøbing. Guter Sanitärbereich. Toll zum genussvollen *sitting on the dock of the bay*. Baulärm möglich.

Havnekontor

€€ | Ærøskøbing Marina | Ærøskøbing
GPS: 54.889976, 10.413715

- **Größe:** *3 Stellplätze*
- **Ausstattung:** *Strom, Duschen, Waschmaschine, keine Entsorgung*

Spot 12

Svendborg

Sprungbrett für maritime und gaumenschmeichelnde Genüsse

Schweinswale im Sund vor Fünens zweitgrößter Stadt standen wohl Pate für den Namen von Svendborg. Der Ort steht ganz im Zeichen des Meeres und scheut sich auch nicht, der Werftinsel Frederiksø neuen kulturellen Atem einzuhauchen. Landausflüge bringen dich zum Prachtschloss Egeskov und zu Gärproben von kreativen Geschmackskünstlern. Ein Fährtrip ohne Womo ins Südfünische Inselmeer versetzt dich in die Welt der *Små øer* – der Kleinen Inseln.

P *Recht zentral und kostenlos: Dronningemaen 13 | GPS: 55.062985, 10.610693*

MIT AUSSICHT

Sankt Jørgens Kirke und Hof waren früher Aussätzigen vorbehalten – heute sind sie ein Hingucker überm Svendborg Sund.

AKTIVITÄTEN & SIGHTSEEING

1 Auf Skarø eine Auszeit nehmen

Von Svendborg bringt dich die Fähre in 35 Minuten nach Skarø: knapp 2 km^2 klein und von etwa 20 Menschen bewohnt. Gönne dir drei, vier Stunden für diese Auszeit. Den Wegeplan gibt's an Bord. Vorbei an Klatschmohn und Wegwarte, die an Feldrändern blühen, gibt's einen neun Meter hohen Hügel, eine dreieckige Mini-Fußballwiese, den Dorfteich und rothaarige Schottlandrinder. Ab Mitte August ist hier sehr wenig los. Die Fähre kommt alle Nase lang auf ihrem Weg über Hjørtø und Drejø wieder vorbei und bringt dich zurück nach Svendborg. ***Infos:*** *Fähre M/F Højestene 4 x tgl. | Rundfahrt 25. Juni–31. Aug. 150, sonst 100 DKK | Inselführungen buchen unter Tel. +45 22 56 31 99 | svendborg-havn.dk/faerger/mf-hoejestene*

Insider-Tipp
Süße Abkühlung

Die fast weltberühmte Eismanufaktur ***Skarø is*** *friert alle fruchtigen Geschmäcker Skarøs in Milch- und Softeis ein (Østerhovedvej 4 | Svendborg | skarois.dk).*

2 Strukturwandel auf Frederiksø erleben

In Svendborg selbst ist besonders die ehemalige Werftinsel Frederiksø den Besuch wert. Kultur, Galerien, Musikszene, Sozialarbeit als Radwerkstatt, das Museum Kostumarium für Kostümdesign und das Segelsportmuseum Lystsejlads haben für den alten Malocherstandort das Blatt gewendet. Sehenswert! ***Infos:*** *Kostumarium Juni–Aug. Di–So 10–16 Uhr, sonst mehr Ruhetage | 70 DKK | kostumarium.dk; Lystsejlads: Öffnungszeiten s. Website | Eintritt frei | lystsejlads.dk*

3 Auf Egeskov Slot lustwandeln

Das Schloss gilt als Highlight unter Renaissanceschlössern (16. Jh.). Zu sehen sind gut fünf Dutzend Räume, der Rittersaal, der Puppenhauspalast Titanias Palads, dazu eine Ausstellung mit Kutschen, Flugzeugen, Autos, Traktoren etc. Draußen lustwandelst du durch alte Irr- und andere Gärten mit Skulptu-

REGENTAG – UND NUN?

4 Naschen erlaubt

Regentag? Ab hinters Steuer und auf einer kleinen Rundfahrt hinter die Geheimnisse vergorener und destillierter Genüsse kommen. Bei **Aqua Vitæ Sydfyn** in Skårup (7 km östl. über Route 163) etwa wird im Calvadosstil destilliert. Weitere kulinarische Geschmacksanreize sind auf der Website **smagenaffyn.dk** aufgeführt. Dort findest du unter „Brochure" eine Karte, auf der etliche kulinarische Anlaufstellen verzeichnet sind. ***Infos:*** *Aqua Vitæ Hofladen: Tgl. bei Tageslicht | Skårupørevej 22 | Skårup | GPS: 55.079819, 10.696348 | Führungen Tel. +45 61 36 81 8 | aquavitaesydfyn.dk*

ren. Der Name Egeskov bedeutet Eichenwald und erinnert daran, dass hier und anderorts in Dänemark Wälder für Schlösser und Gebäude weichen mussten, was dem Land bis heute Erosion beschert. ***Anfahrt:*** *18 km über die Route 167 nach Norden, gut ausgeschildert.* ***Infos:*** *Schloss meist 10/11–17 Uhr, genaue Öffnungszeiten s. Website | 265 DKK, Kinder 160 DKK | Egeskovgasde 18 | Kværndrup | visitfyn.de/fyn/reise-ideen/schloss-egeskov | 2–3 Std.*

5 Im Naturama ein Zoologiemuseum 2.0 erleben

Zwar sind die Tiere wie in einer gestrigen Sammlung ausgestopft und skelettiert, aber die drei Welten von Vögeln, Landsäugern und Meeresriesen erscheinen mit Licht, Ton und Interaktion fast wieder lebendig. Spannend. ***Infos:*** *Tgl. 9–16, Juli–Mitte Aug. 9–17 | 180 DKK, Kinder frei | Dronnigemaen 30 | Svendborg | naturama.dk | 1,5 Std.*

ESSEN & TRINKEN

6 Under Uret

Ein wenig der Platzhirsch unter den Läden und Cafés in der Fußgängerzone. Hausmarinierter Hering, tolle Burger, vegane Gerichte, Pasta, Nachos. Freundliches Personal in einem gemütlich-flotten Laden. ***Infos:*** *Mo–Do 9–23, Fr, Sa 9–1, So 9.30–22 Uhr | Gerritsgade 50 | Svendborg | under-uret.com | €–€€*

7 Hêllô Bánh Mì

Autentisk Vietnamesisk Street Food – so steht es dran und das ist drin. Frische Kräuter in der Pho-Suppe, leckere Sommer- und Frühlingsrollen. Kleiner Laden, kleine Preise, großer Geschmack. Auf Take-away eingestellt. ***Infos:*** *Mo–Fr 11–19, Sa 11–15 Uhr | Gerritsgade 24A | Svendborg | hellobanhmi.dk | €*

8 Frederiksøens Madbar

Coole Take-away-Garküche mit ausgezeichneten Fish OHNE Chips, dafür

ESKAPADEN

Durch den Sankt Jørgens Park radeln mit Blick auf die Svendborgsund-Brücke.

mit Krabben, die du auch an Tischen vor dem Laden oder nebenan in der Bierbar Bogholderiet, in der Hafen- und Konzertbar Kammerateriet oder in der Strandbar verzehren kannst – mit Blick auf das Treiben auf Frederiksø. ***Infos:*** *Tgl. Juni–Aug. 11–21 Uhr, sonst kürzer | Frederiksø | Svendborg | frederiksoens madbar.dk | €–€€*

9 Le Clos

Sektfrühstück, Muschelteller zum Lunch oder Bœuf Bourguignon am Abend – Bistrostil mit leckeren Klassikern der französischen Landküche. ***Infos:*** *Mo–Sa 11–23 Uhr | Gerritsgade 54 | Svendborg | leclos.dk | €€*

STELL- & CAMPINGPLÄTZE

10 Schöner Platz am Wasser

Von allen Campingplätzen bei Svendborg wohl der schönste und freundlichste. Die Stellplätze sind groß, teilweise mit Hecken voneinander abgetrennt und oft nur 10 m vom Wasser entfernt. Ein echter Urlaubsplatz nur 7 km östlich der City auf einer kleinen Landzunge am Sund. Hund kostet 20 DKK.

Skårupøre Camping

€€€ | Skårupøre Strandvej 56a | Skårup
Tel. +45 62 23 21 47 | skaarupoerecamping.dk
GPS: 55.060342, 10.708391

- **Größe:** *125 Stellplätze*
- **Ausstattung:** *Komplett*

11 Parkplatz unterhalb der Sundbrücke

Der kleine Schotterparkplatz wird von Joggern benutzt, die am Sundufer laufen. Es gibt lediglich eine Bank nebst Papierkorb, aber der Blick auf die hohe Sundbrücke, den Bootsverkehr und das bewaldete Ufer von Tåsinge sind perfekt. Der Platz liegt sichtgeschützt unterhalb der Kirche am Ortsrand von Svendborg – in einer Sackgasse!

Parkplatz bei Brückenwiesen

frei | Brydegårdsvej | Svendborg
GPS: 54.889976, 10.413715

- **Größe:** *Max. 2 kleine Womos*
- **Ausstattung:** *Keine*

Spot 13

Nakskov

Förde und Inselwelt wie aus dem Bilderbuch

Kaum hast du die Insel Lolland erreicht, willst du dein Womo parken und die Gegend um die Förde vor dem Hafenort Nakskov erforschen. Das geht zu Wasser mit einem ehemaligen Postschiff, das dich zu Inselchen und der endlosen Strandsichel Albuen bringt oder während einer Fährfahrt zum Gesundbrunnen der Obstinsel Fejø. Wie eine inszenierte Verrücktheit wirken die Dodekalitten-Skulpturen mit eigener Klangwelt. Das passende Getränk dazu ist ein köstlicher Kirschwein.

P *Toldbodkaj am Hafen | GPS: 54.830400, 11.131982*

MYSTIK AM MEER

Sphärische Klänge machen das Kunstwerk Dodekalitten komplett.

AKTIVITÄTEN & SIGHTSEEING

1 Mit dem alten Postbåden die Fördeinseln erobern

Im Nakskov Fjord tummeln sich Schweinswale und Robben. Das ideale Vehikel für dich ist das historische Postboot „Vesta". Inselstopps auf Vejlø, auf Slotø mit Schlossruine und auf Enehøje, wo man dem Polarforscher Peter Freuchen ein Denkmal gesetzt hat. Wählen kannst du zwischen Rundfahrten und Inselhüpfen oder einer Slotø-Fahrt. ***Infos:*** *Mitte Mai–Mitte Sept. | Abfahrten und Tickets Havnegade 35 | Nakskov; Rundfahrten Mo–Sa 9–1.30 Uhr | 275 DKK; Inselhüpfen mit Stopps Di, Do 14–17.30 Uhr | 250 DKK, Buchungskalender auf Website | Buchung: postbaaden.dk/de/*

2 Endloser Laufsteg im Meer

Albuen Strand ist eine 7 km lange Sichel aus Sand zwischen Langeland-Belt und Nakskov-Förde. Auf Albuen fanden im Mittelalter europaweit bekannte Heringsmärkte statt. Heute gibt es noch Fischerhütten, ein Lotsenhaus, einen kleinen Leuchtturm neben einer Schule und das Küstenaufsichtshaus aus dem letzten Jahrhundert. Vom Strandparkplatz erreichst du den Leuchtturm nach 5,5 km. ***Parken:*** *Albuen-Strandparkplatz | GPS: 54.791751, 10.976612*

3 Nach Fejø, um Früchte aus den Bäumen zu schütteln

Die 16 km² kleine Insel, die du stündlich in 15 Minuten per Fähre erreichst, ist ein Früchteparadies. Cidre, Most, Wein – Fejøs Vergorenes ist in ganz Dänemark begehrt. Du kannst bei Produzenten probieren und shoppen. Für das Leihen von Fahrrädern und die Vitamine am Straßenrand wird Bargeld akzeptiert. ***Anfahrt:*** *20 km von Nakskov über Maribovej und Horslundevej.* ***Infos:*** *Kragenæs-Fejø zwischen ca. 5 und 24 Uhr | Rundtrip Fußgänger 40 DKK | Fahrrad 10 DKK | Womo 115 DKK | lollandfaer gefart.lolland.dk* ***Parken:*** *Kragenæs Hafen | GPS: 54.915713, 11.357538*

4 Den Dodekalitten zuhören

Auf einem Hügel in der Nähe des Hafens von Kragenæs stehen zwölf aufrechte Granitstelen – der Name Dodekalitten stammt aus dem Griechischen. Die

REGENTAG – UND NUN?

5 Kirschwein verkosten

Nur wenige Fahrminuten von Nakskov gen Norden liegt das Kirschweingut **Frederiksdal Kirsebærvin.** Für die Weinherstellung verwendet man die Stevnskirsche – auch als „Traube des Nordens" betitelt. Traditionelle Maischegärung wird auf Kirschwein angewendet. Man führt dich durch Reihen von Eichenholzfässern, erklärt dir, wie alles funktioniert und lässt dich probieren. Der Ranciostil mundet zu Wild, Schokolade und Käse. ***Infos:*** *Mo–Fr 10–17, Sa, So 11–17 Uhr | Frederiksdalsvej 30 | Harpelunde | frederiksdal.com | 1,5–2 Std.*

Idee einer fiktiven Flüchtlingsankunft vom Schwarzen Meer stammt vom Komponisten Gunnar Møller Pedersen, die portraithafte Ausführung der Stelen von Thomas Kadziola. Pedersen stieg aus und Wayne Siegel vollendete die Komposition sporadisch eingespielter sphärischer Klänge, die dich plötzlich umwallen, wenn du in völliger Ruhe im Kreis der noch nicht ganz vollendeten, bis zu 9 m hohen Gestalten stehst. ***Infos:*** *1,2 km ausgeschilderter Fußweg vom Hafen Kragenæs durch Wald und Feld | Eintritt frei*

ESSEN & TRINKEN

6 Café Bita

Die Burger sind klasse, die Pasta ist nicht auf demselben Niveau. Salate, Bruschetta, Sandwiches, dazu *Stjerneskud* und *Pariserbøf* aus der dänischen Küche. Das Restaurant mit örtlichem Flair liegt am zentralen Platz von Nakskov. ***Infos:*** *Mo–Sa 11–21 Uhr | Axeltorv 16 | Nakskov | Facebook: Cafebitadk | €–€€*

7 Langø Grill & Fiskebar

Einladender Pavillon am Hafen von Langø mit gut gemachten Standards wie Würstchen, Burger, Hühnchen und *Flæskesteg*. Nur 15 Min. Fahrt über Langøvej nach Westen. ***Infos:*** *Do–Sa 12–21., So 12–16.30 Uhr | Langø Havn 3 | Langø | lango-grill.dk | €*

8 Den Fuldkomne Fisker

Der Geschmack Lollands speist sich hier aus dem europäischen Süden und Marokko, wohin das Inhaberpaar im Winter mit dem Womo fährt, um Inspirationen zu sammeln. Fleisch und Gemüse sind aus biologischer Produktion von der Garteninsel Lolland. Serviert werden verschiedene Buffets sowie Tellergerichte wie Kalbs-Tajine mit afghanischem Kartoffelbrot, Fasanenbrust mit Pflaumen-

STILL RUHT DAS MEER

Der Hafen von Langø liegt geschützt hinter einer Landzunge.

soße und mit Mais panierter Fisch. Erstklassig. ***Anfahrt:*** *20 Min. über die Route 289 und Toftevej nach Norden.* ***Infos:*** *April–Okt. Do, Fr 18–23 Uhr, So Frühstück ab 9 Uhr | Byskovvej 42 | Onsevig, Horslunde | Reservierung 11–13 Uhr unter Tel. +45 54 93 27 00 | onsevig.com | €€*

9 Fejø ny Kro

Gemütlicher alter Gasthof im Zentrum der Obstinsel, in dem man dich lecker mit dänischen Klassikern, gedämpftem Fisch und Gemüse bekocht. ***Infos:*** *Tgl. 11.30–15, 17.30–21 Uhr | Herredsvej 95 | Fejø | Tel. +45 54 71 30 07 | €–€€*

STELL- & CAMPINGPLÄTZE

10 Mehr Aktivurlaub am Meer geht kaum

Ein wenig entlegen, dafür aber toll platziert in Strandnähe und umliegender Natur. Hier an der Albuen-Sichel sagen sich Füchse und Hasen Gute Nacht. Absolut ruhig! Tolle Wanderung zum Leuchtturm (▶ S. 119) und doch nur 14 km über den Langøvej nach Nakskov zum Postbootanleger, 35 km nach Fejø und zu den Dodekalitten.

Albuen Strand Camping

€€€ | Vesternæsvej 70 | Nakskov
Tel. +45 29 10 47 51 | albuencamping.dk
GPS: 54.969206, 10.207456

▶ **Größe:** *Über 200 Stellplätze*
▶ **Ausstattung:** *Komplett plus Pool, Fußball- und Volleyballfeld*

11 Dieser Jachthafen ist einfach freundlich

Gut zehn Minuten Fahrt von Nakskov nach Westen liegt der Sportboothafen, der drei Parkplätze zum Übernachten inmitten maritimer Atmosphäre bietet. Kleines Imbisslokal (▶ S. 120), aber du darfst auch die Küche im Clubhaus nutzen.

Langø Havn Stellplätze

€€ | Langø Havn | Nakskov
GPS: 54.815875, 11.017103

▶ **Größe:** *5 Stellplätze*
▶ **Ausstattung:** *Komplett*

Spot 14

Insel Møn

Bezauberndes Finale deiner Inselhüpferei

Die Lieblingsinsel von Günter Grass ist ein Ort voller Ruhe und Entschleunigung. Über ein Netz von Wanderwegen, Landstraßen und Alleen kannst du Dänemarks einziges UNESCO-Biosphärenreservat erschließen. Mit einem Mix aus Ur- und Kulturlandschaften legt man Wert auf eine nachhaltig betriebene Eintracht. Spektakuläre Kreideklippen, urige Wälder, glückliche Rinder auf Gut Klintholm, die Salzwiesen von Nyord und das Städtchen Stege lassen dich kaum mehr los.

SANDSPIELE

Der Råbylille Strand auf Møn schaut nach Süden und ist ein Paradies nicht nur für Kinder.

AKTIVITÄTEN & SIGHTSEEING

1 Kreidefelsen und Buchenwald von Møns Klint erwandern

Die Kreideklippen 20 km westlich von Stege sind noch beeindruckender als das 60 km entfernte Rügener Pendant. Die letzten Kilometer fährst du auf der unasphaltierten Zugangsstraße 287 durch den alten Wald Klinteskoven. Parkplatz *(45 DKK)* am GeoCenter (s. Nr. 5) mit Café. Ein 2,3-km-Rundweg führt von dort 497 Stufen und 128 Höhenmeter hinunter zum schmalen Steinstrand, dann 1 km weiter nach links und über eine weitere Treppe wieder hinauf. Schaue von der Haupttreppe nach links hoch zu einem Falkennest. Oben gibt's einen Kletterparcour durch die Bäume.

Insider-Tipp **Bodenschätze**

Pilze und Orchideen lieben Kalk. Im Wald von Klinteskoven findest du sie zuhauf.

2 Am Råbylille Strand Møns Sonnenseite genießen

Der schmale Strand schaut nach Süden, hat flaches Wasser und drei kurze Strandtreppen. Vom Parkplatz an der Straße Bundgarnet kannst du 2 km ostwärts laufen und einfach nur die Seele fliegen lassen. ***Parken:*** *GPS: 54.965181, 12.390043*

3 Vogelvielfalt auf der Insel Nyord beäugen

Die kleine Insel 20 km nordwestlich von Stege ist ein Landschafts- und Vogelschutzgebiet. Kurz vor dem Erreichen des Parkplatzes, an dem du dein Womo abstellen musst, stößt du auf einen Vogelbeobachtungsturm. Vom Parkplatz kannst du in den winzigen Ort laufen und am Hafen nach telefonischer Anmeldung Kajaks und SUP-Boards ausleihen. Am Dorfeingang bekommst du im Hoflädchen Nyord Ø Handel *(tgl. 11–17 Uhr)* guten Kaffee, Eis, Sandwiches und nette Unterhaltung. ***Infos:*** *Kajaks und SUP-Boards ab 150 DKK/Std. | Neoprenanzüge gratis | Tel. +45 21 94 95 72 | nyordkajak.nu* ***Parken:*** *Nyord, GPS: 55.042643, 12.195109; Vogelturm, GPS: 55.048572, 12.217768*

4 Megalithgräber aufstöbern

Der rare Feuerstein sorgte für frühe Besiedlung – 14 Hünen- und Hügelgrä-

REGENTAG – UND NUN?

5 GeoCenter Møns Klint

Scheue den Weg zu den Kreideklippen auch bei Regen nicht! Das GeoCenter dort ist fesselnd. Die Ausstellungsräume sind in den Felsen gegraben. Dein Besuch gerät zur Zeitreise durch 70 Millionen Jahre. Interaktive Aufbereitung plus die Möglichkeit sich in 3D-Filmen unter Dinosaurier zu mischen oder mit VR-Brille den Falkenflug nachzuempfinden. ***Infos:*** *Zweite Aprilwoche bis Pfingsten meist 10–17, Juli 10–18, Aug. 10–17, Sept., Okt. meist 11–17 Uhr | 155 DKK, bis 11 J. 100 DKK | moensklint.dk | 1–3 Std.*

ber sind der Beweis. **Klekkende Høj** – 11,5 km südwestlich von Stege – hat zwei Grabkammern. Eine davon mit kleiner Knochenausstellung. **Grønjægers Høj** – 5,7 km weiter südlich – ist ein 102 m langes Grab. ***Infos:*** *Klekkende Høj, GPS: 54.936202, 12.164148; Grønjægers Høj, GPS: 54.896338, 12.151218*

ESSEN & TRINKEN

6 Saftig

Am Wasser bei der Brücke in die Sonne blinzeln. Serviert werden Tapas, Burger, Leckeres aus dem Meer plus Ökobiere und -säfte. Dazu gibt's sporadisch Konzerte. Funky! ***Infos:*** *Mi–So 12–20 Uhr, im Sommer tgl., Juni–Aug. länger Ved Stranden 1 | Stege | Tel. +45 53 56 57 64 | Facebook: CafeSaftig | €–€€*

7 Liselund Ny Slot

Das Märchenschlösschen Liselund liegt in Buchenwald und Park 6 km nördlich der Klippen am Liselundvej. Im Restaurant kannst du ökologisch-biodynamische Kochkunst genießen, im Park spazieren (frei) und über eine Treppe zum Klippenfuß absteigen. ***Infos:*** *Tgl. Café 13–17, Restaurant 19–21 Uhr (reservieren bis 16 Uhr) | Tel. +45 55 81 20 81 | Langebjergvej 6 | Borre | liselundslot.dk | €€–€€€*

8 Slagter Stig & Støberiet

Einerseits eine Schlachterei mit Metzgertheke, an der du dein Fleisch aussuchst. Andererseits ein umgebauter Bonbonladen, in dem du dein Steak mit Beilagen vom Buffet komplettierst. Möbel oder Gemälde im gemütlichen Laden kannst du bei Gefallen einfach kau-

VERWEIL-IDYLL

Camp Møns Klint im Osten der Insel Møn ist an Gemütlichkeit nicht zu übertreffen.

fen. ***Infos:*** *Sommer tgl. 9–20 Uhr, sonst kürzer | Storegade 59 | Stege | slagterstig.dk | €€*

EINKAUFEN

9 Klintholm Gods Gårdbutik

Seit 17 Generationen beeinflusst die Gutsfamilie das Schicksal Møns – erst 1980 wurden die 6 km entfernten Kreideklippen an den Staat verkauft. Man betreibt sanfte Naturpflege und Tierhaltung. In einem Stall shoppst du kleine Mitbringsel wie etwa Gin, Kaffeelikör und glutenfreien Ökolakritz aus lokaler Produktion. Die Anfahrt durch das Baumspalier der Klintholm Allé ist traumhaft. ***Infos:*** *Tgl. 11–16 Uhr | Klinthom Allé | Borre | klintholm.dk/gaardbutik | GPS: 54.979043, 12.501683*

STELL- & CAMPINGPLÄTZE

10 Schlank in den Dünen

Auf diesem kleinen Zeltplatz am Klintholm Hafen gibt es noch ein kostenloses Stellplatz-Angebot für Womos, sofern man nicht durch Campingverhalten ausserhalb des Womos den Platz einschränkt. Also schlank übernachten und morgens vor sechs Uhr die 7 km zu den Klippen fahren. Vorher geht noch ein Bad, oder man schwimmt ab sechs Uhr unterhalb der Klippen.

Klintholm Teltplads

frei | Margarethevej 18 | Borre
GPS: 54.952981, 12.471864

- **Größe:** *Ca. 6 Stellplätze*
- **Ausstattung:** *Keine, aber Toiletten und Picknickbänke*

11 Campen in der ganzen Freundlichkeit Møns

Der idyllische Campingplatz liegt 3 km vor dem Erreichen des GeoCenters und unweit von Gut Klintholm. Alles in Reichweite und sehr freundliche Atmosphäre.

Camp Møns Klint

€€€ | Klintevej 544 | Borre
Tel. +45 55 81 20 25 | campmoensklint.dk
GPS: 54.979422, 12.522455

- **Größe:** *100 Stellplätze*
- **Ausstattung:** *Komplett. Pizzeria, Mühle, Tennisplatz, Laden, Fahrradverleih ab 140 DKK/Tag*

ENTSPANNUNG PUR

Viele Strände an Sjællands Westküste bescheren naturbelassenes Urlaubsglück.

Tour E

Slow travel auf der Insel Sjælland
Von Kopenhagen zur Großer-Belt-Brücke

Start & Spot **19** Kopenhagen ▶ S. 164

52 km

Spot **15** Roskilde ▶ S. 138

70 km

Spot **16** Gilleleje ▶ S. 142

74,5 km

Spot **17** Geopark Odsherred ▶ S. 146

80 km

Spot **18** Røsnæs ▶ S. 150

72 km

Ziel Halsskov Halbinsel

Auf Sjælland (Seeland) wohnen 40 Prozent der Dänen. Von Kopenhagen reist du gegen den Uhrzeigersinn über Roskilde. Die Ex-Hauptstadt reklamiert ihre einstige Bedeutung mit Wikingerlangschiffen und Dom. Klick macht deine Kamera im Angesicht der Backsteinpracht des Wasserschlosses Frederiksborg. Sjællands Riviera blickt nach Norden und ist mit Stränden und Fischläden gesegnet. Im Odsherred Geopark liegt die Landzunge Sjællands Odde und verordnet Müßiggang, während die Halbinsel Røsnæs zum Wandern einlädt.

Strecke 348,5 km

Reine Fahrzeit 9 Std.

Streckenprofil Immer auf gutem Belag. Manches flottere Autobahnstück, aber im Norden auch oft eingeschränktes Tempo.

Empfohlene Dauer 6–8 Tage

Anschlusstour C D F

FACTS

Tour E im Überblick

Tour-Highlights

Im *Arken Museum for Moderne Kunst* Inspiration finden ▶ **S. 130**

Am *Frederiksborg Slot* royale Perspektiven ablichten ▶ **S. 132**

Frühem Seefahrer-Feeling in *Roskildes* Vikingeskibsmuseet nachspüren ▶ **S. 139**

In *Odsherred* die Fundstelle des Sonnenwagens entdecken ▶ **S. 147**

Wein auf der *Røsnæs-Landzunge* genießen ▶ **S. 151**

Kattegat
Gilleleje
Seite 142
Höganäs
Ängelholm
Klippan
Åstorp
Bjuv
16
Tisvildeleje Strand
Græsted
Hellebæk
HELSINGBORG
esselø Bugt
Helsinge
Esrum Sø
Helsingør
Sverige
Liseleje
Fredensborg
Humlebæk
Arresø
Frederiksværk
Svalöv
Frederiksborg Slot
Hillerød
Hundested
Lillerød
Hørsholm
Landskrona
Isefjorden
Slangerup
Jægerspris
Birkerød
Frederikssund
Farum
Kävlinge
Øresund
Værløse
Ølstykke
Måløv
Jyllinge Marina
Bjärred
Smørumnedre
Lomma
Kopenhagen
Seite 164
Roskildefjord
Lille Tilde
19
Taastrup
Arlöv
Svogerslev
15
Greve Strand
Dragør
MALMÖ
Kirke Hvalsø
Roskilde
Seite 138
Arken Museum for Moderne Kunst
Oxie
Solrød Strand
Køge Bugt
Vellinge
Bjæverskov
Køge
Skanör med Falsterbo
Höllviken
Ringsted
Strøby Egede
Herfølge
Danmark
Hårlev
Store Heddinge
Haslev
Fensmark
Østersøen
Faxe
Næstved
10 km

E Tourenverlauf

LOS GEHT'S!

Start & Spot 19

Kopenhagen
Die kleine Meerjungfrau hat sich zur Ostseekönigin gemausert
▶ **S. 164**

Optionaler Anschluss: Tour F

22 km Starte deine Fahrt in Richtung Südwesten auf der Ringstraße O 2, die sich am „Schwarzen Diamanten" vorbei am Hafenufer orientiert. Beim Sydhavn folgst du der Beschilderung zur Autobahn E 20, auf die du nach der Brücke Sjællandsbroen biegst. Nur kurz berührst du die Insel Amager, die die E 20 wieder nach Westen hinter sich lässt. An Ausfahrt 25 wechselst du auf die O 3 Richtung Brøndbyvester. Die Straße wird zur 151, die du an einem roten S-Bahn-Schild nach links Richtung Arken verlässt. Über den Skovvej erreichst du das Museum Arken.

Arken Museum for Moderne Kunst

Das von einem Studenten konzipierte Museum im Stil des Dekonstruktivismus liegt traumhaft in **Ishøj** an der Køge Bucht. Der Strand ist nur einen Steinwurf entfernt. Arken soll an ein gestrandetes Schiff erinnern und heißt übersetzt „Arche". Du findest Damien Hirst, Ólafur Elíasson, Ai Weiwei sowie bildhauerische und Mixed-Media-Kunst.

i Di–So 11–17, Do bis 21 Uhr | 145 DKK, Kinder frei, im Juli zahlen 2 Erw. nur den Preis für ein Ticket | Skovvej 100 | Ishøj | arken.dk | 2 Std. mit Strandbesuch

7,5 km Fahre zurück zur Kreuzung an der S-Bahn-Station, biege rechts in die 151, die du bald nach links Richtung Albertslund verlässt. In kurzer Folge kreuzt du zwei Autobahnen und biegst dann sofort links ab in den Valensbækvej, von dem du in Kürze auf den Parkplatz für Lille Tilde lenkst.

Lille Tilde

Die oft gut drei Meter großen Trollfiguren „Die sechs vergessenen Riesen" des Kopenhagener Künstlers Thomas Dambo begeistern nicht nur Kinder. Immer stehen sie irgendwo in der Natur und sind aus Alt- und Restholz gepuzzelt, oft in lokaler Zusammenarbeit. Im Valensbæk Moor finden sich sechs Skulpturen in der Nähe eines Sees.

Frei | thomasdambo.com

P *GPS: 55.642445, 12.354143*

22,5 km Zurück über den Valensbækvej, den du an der dir schon bekannten Kreuzung nach rechts verlässt, um sofort rechts auf die Autobahn Richtung Roskilde (Holbækmotorvejen/21) abzubiegen. In Roskilde folgst du der Beschilderung nach rechts über die O1 zu Museen und Domkirche und erreichst das Vikingeskibsmuseet.

Spot 15

Roskilde

Stadt der Wikinger und Könige – und der Rockmusik ▶ **S. 138**

14 km Der Frederiksborgvej beginnt nahe dem Vikingeskibsmuseet als Kreisverkehr-Abfahrt der Ringstraße O1 Richtung Hillerød und führt dich nordwärts aus Roskilde heraus. Der Roskilde Fjord erstreckt sich links wie ein großer See. Die perfekte Straße mündet an einer Ampel in die noch komfortabler zu fahrende Route 6, auf die du dich nach links einsortierst. Bald grüßt erneut der Fjord und bevor du ihn ganz verlierst, biegst du an einer Ampel in Richtung Jyllinge ab, danach im Kreisverkehr zum Lystbådehavn.

SANFTER MEERBUSEN

Der Roskilde Fjord wirkt vom Hafen Jyllinges wie ein duftiges landschaftliches Kleinod.

TOLLE KULISSE

Am Tisvildeleje Strand kannst du schon mal in ein Hochzeits-Shooting geraten.

Jyllinge Marina

Ein idealer Ort, um den Fjord ruhig in Augenschein zu nehmen. Der sich verjüngende Meeresarm wird zusätzlich durch das flache Inselchen Eskilsø zu einem durch Schilf und Rosenbüsche fast verlandeten Dickicht. Schön, hier ein paar Schritte zu gehen.

P *GPS: 55.744181, 12.097025*

Mit der Vegetation im Vordergrund fotografierst du das Wasser-Wolken-Panorama.

30 km Fahre zurück zur Route 6 und folge ihr weiter gen Hillerød. Nachdem du das Verkehrskreuz in Hillerød passiert hast, biegst du links Richtung Hillerød C-S in den Roskildevej. Von diesem steuerst du an einer Ampel rechts in die Hauptstraße Herredsvejen und dann links in Richtung der Parkplätze am Frederiksborg Slot.

Frederiksborg Slot

Vor dir liegt das prächtigste Wasserschloss Dänemarks, beauftragt durch König Christian IV. Vorburg, Brunnenhof und das eigentliche Schloss sind durch drei verbundene Inseln an seinem Westufer gegliedert. Um zum Barockgarten zu gelangen, müsstest du das Gelände verlassen. Das schon einmal zerstörte und wiederaufgebaute Schloss wurde im Stil nordischer Renaissance von flämischen Baumeistern aus

Backstein errichtet. Nordisch daran ist das Fehlen antiker zugunsten gotischer Stilelemente. Mit viel Zeit kannst du im Schloss das Nationalhistorische Museum besuchen. Die prunkvolle Schlosskapelle ist ein Teil davon. Hier wurden von 1660–1840 Dänemarks absolutistische Könige gesalbt. Es gibt drei Orgeln.

i *Schlossinseln tagsüber frei | Museum Nov.–März tgl. 11–15, April–Okt. 10–17 Uhr | 115 DKK, Kinder frei | Schloss Frederiksborg | Hillerød | dnm.dk | 2–3 Std.*

P *GPS: 55.935352, 12.297112*

Insider-Tipp **Haste Töne!** *Die Compenius-Orgel, Präsent der Herzogin von Braunschweig-Wolfenbüttel an ihren Königsbruder, wird donnerstags 13.30–14 Uhr gespielt.*

26 km Über den Selskovvej fährst du nordwärts bis zum Abzweig zur vierspurigen O 2 und biegst ab, wenn Gilleleje/227 ausgeschildert ist. In Gilleleje hältst du dich geradeaus, bis du am Kreisverkehr rechts in den Stationsvej zum Hafen abbiegst.

Spot 16

Gilleleje

Mini-Küstenmetropole mit Strandphilosophie ▶ **S. 142**

Optionaler Anschluss: Tour F

20 km Fahre wieder zurück zum Kreisverkehr und halte dich westlich Richtung Rågeleje auf der 237. Deine Reise führt durch Küstenorte mit Sommerhäusern – Sjællands Urlaubsküste bedeutet meist Tempo 50. In **Rågeleje** kuschelt die 237 wieder mit der Ostsee. Der schmale Strand ist mit Buhnen geschützt und mit bunten Badehäuschen gespickt. Dann rückt die Straße wieder von der Küste ab. Vejby liegt schon im Hinterland, aber in Tisvilde biegst du nach Tisvildeleje ab und erreichst dort nach der Ortsdurchfahrt den breiten Strand nebst Dünen und Wald.

Tisvildeleje Strand

Am großen Parkplatz gleich raus aus den Schuhen und rein in den Sand. Drachen steigen lassen. Oder am Erklärpavillon Naturrum Tisvildeleje einen Neoprenanzug zum Baden, SUP-, Surf- oder Bodyboard ausleihen. Für den Wald im Hinterland gibt's Mountainbikes.

i *Tgl. Juni–Aug. 10–17 Uhr | SUP 200 DKK/Std. | MTB 300 DKK/3 Std. | wowsurf.dk*

P *GPS: 56.055831, 12.057649*

26 km Steuere zurück bergauf durch die Ortsstraße von Tisvilde und halte dich geradeaus Richtung Tibirke. Du umfährst das Waldgebiet fernab vom Strand und fährst Richtung Frederiksværk, dann durch Asserbo und Melby, von wo aus du über den schmalen, einspurigen Nødebovejen wieder kurz die Küste erreichst.

Insider-Tipp
Ziegenkäse und Eis

*2 km vor Hundested liegt linker Hand ein **Besøgsgaard** (Besucherbauernhof), dessen SB-Hofladen an der Straße tagsüber geöffnet ist (tgl. | GPS: 55.974381, 11.880031 | tothaven.dk)*

Hundested

Bevor du die Fähre nach Rørvig nimmst, solltest du ins rege Treiben am Hafen eintauchen. Zwischen Ostern und Oktober heißt es „Klap den Fisk“: Durch zwei Öffnungen einer schwimmenden Plattform kannst du Plattfische und Krabben berühren, von Kattegatfischern täglich eingefüllt. Während der Sommerferien beantworten Biologiestudenten Fragen. Höhepunkt des Jahres ist das **Sandskulpturfestival** für das Künstler komplexe Sandgestalten formen *(Mai–Aug. 10–19, Sept., Okt. 10–17 Uhr | 75, Kinder 35 DKK).*

P *GPS: 55.966632, 11.845188*

28,5 km Mit der Fähre überquerst du den Isefjord *(ab 220 DKK | 1–2 x/Std. | hundested-roervig.dk)*. Der Hafen **Rørvig** empfängt dich deutlich aufgeräumter als Hundested. Hier wartet mit **Rørvig Fisk & Røgeri** eine der nettesten Fischräuchereien Sjællands mit Tischen am Wasser *(Bistro Juli–Mitte Aug. tgl. 10–18, sonst meist 10–16/17 Uhr, Fischladen kürzer | roervig-fisk.dk | €–€€)*. Nun fährst du durch den Geopark Sjællands Odde. Du nimmst die 225, bis du bei Nykøbing dem Hinweis Richtung Sjællands Odde folgst. Die Straße Oddenvej bringt dich nach Westen über die nur knapp 2 km breite Landzunge und wird in Lumsås von der Route 21 aufgenommen, die nach Odden Havnebyen führt.

Spot 17

Geopark Odsherred

Sjællands Nordwesten im Zeichen des Sonnenwagens ▶ S. 146

23 km Du wählst die Route 21 Richtung Kopenhagen, die ab dem Zusammentreffen mit dem Oddenvej Schnellstraßencharakter (90 km/h) hat. Sie trennt Heide und Feldanbau. An der Kreuzung, die links nach Højby und rechts in die Heide (Lyng) führt, biegst du rechts ab in den Lyngvej, der dich ausbremst, wo sich ein Meer niedriger Holzhäuser in der Heide ausbreitet. Nach einem großen Burger-Restaurant biegst du rechts ab in Richtung Stranden und erreichst einen Parkplatz am Ende des Korevlevej.

Hønsinge Lyng

Der Parkplatz am Rand der Heide bietet dir Gelegenheit, dir von einem Turm Überblick über den feuchten Randgürtel zwischen Ostsee und Heide zu verschaffen. Ein Bohlenweg führt zum einsamen Strand. Wenn du dort rechts abbiegst und am nächsten Steg durch das Feuchtgebiet wieder rechts und am Heiderand erneut rechts, spazierst du auf einem 1,5 km langen Rundweg durch das landschaftlich traumhaft schöne Lynggebiet.

P *GPS: 55.867406, 11.523176*

5 km Wende dich zurück zum Lyngvej und fahre dort nach rechts in südliche Richtung durch bewohnte Heide und fädle dich in Hove Strand auf die 225 in Richtung Jyderup ein. Du gewinnst sogar etwas an Höhe und gönnst dir den Überblick von knapp 90 m, Sjællands höchster Landerhebung. Dazu parkst du am Café Udsigten, das bei Erreichen von Høve nach rechts ausgeschildert ist.

Gedenkstein Esterhøj

Das einzige Café weit und breit (nicht das einladendste) wäre allein kein Grund zum Stopp, gäbe es nicht den ausgewiesenen kurzen *Spadseresti* (Spazierweg) zum eingekerbten Gedenkstein Esterhøj, der 1920 anlässlich der Wiedervereinigung Südjütlands mit Dänemark aufgestellt wurde. Der Küstenblick nach Norden ist prächtig. Am Parkplatz findest du Infos über Wanderpfade durch das umgebende Grabhügelterrain.

P *GPS: 55.837634, 11.484975*

E Tourenverlauf

52 km Reise weiter südwärts auf der ruhigen 225 bis du kurz nach einem Silo rechter Hand einen Abzweig Richtung Follenslev nimmst. In Follenslev biegst du rechts in den Eskebjergvej und folgst diesem durch Eskebjerg und Kaldred, bis du dich, an einer Kreuzung, nach rechts auf die Route 23 Richtung Kalundborg einfädelst. In der Kleinstadt Kalundborg fährst du weiter geradeaus und über den Røsnæsvej die gesamte Länge der Røsnæs-Landzunge bis zum Parkplatz des Leuchtturms. Das letzte Stück ist nur noch geschottert – du wähnst dich am Ende der Welt.

Spot 18

Røsnæs
Sonnenverwöhnte Halbinsel ▶ **S. 150**

36 km Fahre die 17 km bis nach Kalundborg zurück und nimm die Route 22 nach Süden. Biege nach links ab, wenn du den Hinweis nach St. Fuglede siehst. Im Örtchen selbst biegst du am Hinweis nach Gørlev rechts in den Bakkendrupvej. Kurz darauf erreichst du das **Wikinger- und Naturparkzentrum Fugledegård** am Tissø-See.

Tissø Vikingecenter

Das Bauernhaus von Fugledegård am Westufer des Tissø-Sees ist das Zentrum des seit 2014 existierenden **Naturparks Åmosen** – Dänemarks erstem Gebiet, in dem private Landbesitzer und öffentlicher Naturschutz kooperieren. Zur letzten Wildnis auf Sjælland kommen die spannendsten archäologischen Funde Nordeuropas der wohl dichtbesiedeltsten Wikingerenklave. In Tissø wohnte die Oberschicht, was die Ausgrabung eines goldenen 1,8-kg-Halsschmucks belegt. Ein Replikat funkelt heute in der Ausstellung von Fugledegård. Halte draußen Ausschau nach über dem See Tissø schwebenden Seeadlern.

i Mi–Fr 10–14, Sa, So 12–16 Uhr | 80 DKK | Bakkendrupvej 28 | St. Fuglede | naturparkaamosen.dk, vikingecenter.dk | mit Spaziergängen am See 2–4 Std.

36 km Folge dem schmal ausgebauten Bakkendrupvej nach Süden bis du in Gørlev auf die 22 Richtung Slagelse abbiegst, nur um sie sofort wieder Richtung Rye zu verlassen. Vom Ryevej biegst du in Kirke Helsinge auf die Route 277 in Richtung Korsør und fährst durch Stillinge Strand, bis du auf den Vestmotorvejen E 20 triffst. Starte Richtung Odense (Fünen), nimm kurz vor der großen Beltbrücke die Ausfahrt 43/Halsskov und suche im nächsten Kreisverkehr die Fahrtrichtung Isbådsmuseet. Dort parkst du am Museumsgebäude auf einer kleinen Halbinsel.

Ziel Halsskov-Halbinsel

Am Parkplatz des kleinen **Eisbootmuseums** endet deine Sjælland-Tour. Das dem berühmten Brückenschlag nach Fünen nächstgelegene Gebäude ist ein unbemanntes Mini-Museum (frei zugänglich) mit Infotafeln zum Verkehr des Postbootservice durch den im Winter nicht eisfreien Sund. Beiderseits der Brücke kannst du auf hübschen Wegen spazieren gehen. Die Beltbrücke bringt dich in gut 20 Minuten nach Fünen, Kopenhagen ist 1,5 Std. Autobahnfahrt entfernt. In Sichtweite liegt der herzlich geführte **Campingplatz Store Bælt** *(€€ | storebaeltferiecenter.dk).*

P *Storebæltsvej | GPS: 55.348541, 11.095006*

Mit langer Brennweite nimmst du das Museum im Vordergrund und die Hängebrücke ins Visier.

Optionaler Anschluss: Tour C und Tour D

HÖHENFLUG

Über die Großer-Belt-Brücke sind es nur 18 km von Seeland nach Fünen.

Spot 15

Roskilde

Stadt der Wikinger und Könige – und der Rockmusik

Roskilde war und ist am Puls der Zeit – vor 1000 Jahren als geschützter Handelsplatz der Wikinger am Fjord, heute als Forschungsstation rund ums Museum mit legendären Langschiffen. Im Freilichtlabor und -park Sagnlandet Lejre gehst du zeitlich gar noch weiter zurück. Aus der jüngeren Geschichte erzählt die Grablege dänischer Royals im Dom. Aktuell und hip wird's im Musikmuseum Ragnarock mit Anschluss ans Roskilde-Festival. Noch ein bisschen mehr Kultur? Kunst und Glas findest du im alten Gaswerk.

P *Parken kannst du direkt am Vikingeskibsmuseet.*

ROCK 'N' ROLL!

Das goldene Musikmuseum Ragnarock dominiert einen ganzen Stadtteil, in dem früher Zement hergestellt wurde.

AKTIVITÄTEN & SIGHTSEEING

1 Im Vikingeskibsmuseet für altes Bootsdesign schwärmen

Im und vorm Museum am Hafen wimmelt es von Wikingerkähnen. Fünf Boote (Skudelevschiffe), 1962 aus dem Roskilde Fjord gegraben, sind ausgestellt. Du kannst zuschauen, wie Nachbauten mit altem Werkzeug gefertigt werden. Auf dem Versammlungsplatz „Tunet" darfst du Gürtelschnallen schmieden und Münzen schlagen. Aus dem Runenverzeichnis „Futhark" können Kinder ihre Namen auf Wikingisch in Holz ritzen. Fürs leibliche Wohl sorgen Café, Restaurant und Picknickbereich! ***Infos:*** *Tgl. Mai–Okt. 10–17, sonst 10–16 Uhr | Mai–Okt. 160, sonst 125 DKK, Kinder frei | Vindeboder 12 | Roskilde | vikingeskibsmuseet.dk | 2–3 Std.*

Insider-Tipp
Leinen los!
Eine Fjordfahrt im Wikingerstil ist möglich – vorher buchen!

2 Im Musikmuseum Ragnarock abrocken

Das mattgolden schimmernde Gebäude verbreitet schon vom Weitem einen Hauch von Glamour – roter Teppich inklusive. Ragnarock ist sowohl Museum als auch Kulturhaus mit Ausstellungen zu Jugendkultur, Rock- und Popgeschichte. Das Fassadenmotiv von Schallabsorbern aus eloxiertem Aluminium setzt sich drinnen in Rot fort und soll an das Samtfutter eines Gitarrenkoffers erinnern. ***Infos:*** *Di–So 10–17, Do bis 20 Uhr | 120 DKK, Kinder frei | Rabalderstræde 16 | Roskilde | museumragnarock.dk | 1,5–2 Std.*

Insider-Tipp
Festival-Vibe zum Mitnehmen
Originalposter vom Roskilde-Festival gibt's nur im Ragnarock-Shop.

3 Das alte Gasværk als Kunstgalerie entdecken

Hinter den Mauern des ehemaligen Gaswerks findest du die Glasgalerie von Skak Snitker. Dazu kommt die Kunstgalerie RoS mit spannenden Ausstellungen aktueller dänischer Kunst. Für die zusätzlichen fünf Ateliers musst du dich vorher anmelden. Einen tollen Hafenblick hast du aus dem Turmgeschoss des Kulturzentrums! ***Infos:*** *Glasgalerie Mo–Fr 11–17, Sa, So 11–16 Uhr; RoS Di–So 12–17 Uhr | Vindeboder 1 | Roskilde | glasgalleriet.dk | ros-gallery.dk | 1,5 Std.*

REGENTAG – UND NUN?

4 Im Dom Architektur royal erleben

Die älteste Backsteinkathedrale des Nordens ist eine imposante gotische Erscheinung. Der lutherische Dom ist UNESCO-Weltkulturerbe und Grabeskirche für 40 gekrönte Häupter. ***Infos:*** *Juni–Aug. 10–18, Mai, Sept. 10–17, Okt.–April 10–16, So immer 13–16 Uhr | 70 DKK, Audioguides auf Englisch | Domkirkestræde 10 | Roskilde | 1 Std.*

5 Eine Zeitreise im Freilichtpark Sagnlandet Lejre machen

Korn mahlen, Brot backen, Einbaumfahrten – das archäologische Freilandlabor, wo das Leben etlicher Epochen aktiv studiert wird, ist zum Familienpark mutiert. ***Anfahrt:*** *12 km südwestl. über Ringstedvej und Ledreborg* ***Infos:*** *Juli, Aug. tgl. 10–17 Uhr, sonst Mo geschl. | 215, Kinder 150 DKK | Slangealléen | Lejre | sagnlandet.dk | 3 Std.*

ESSEN & TRINKEN

6 Café Satchmo

Behagliches Café in einer alten Gasse, mit tollen Sandwiches, Fischgericht und Kuchen. Vegan wird hier großgeschrieben. *Old fashioned:* Nur Barzahlung! ***Infos:*** *Mo–Fr 10–18, Sa, So 10–22 Uhr | Rosenhavestræde 2 | Roskilde | €–€€*

7 Musicon Mikrobryggeri

Mikrobrauerei und Bierbar im aus Containern errichteten Kreativviertel Micron am Ragnarock. Zu 14 Fassbieren gibt's Snacks wie Panini mit Chorizo, Nachos, Chili con Carne und vegetarisches Dal. ***Infos:*** *Mo–Do 14–24, Fr, Sa 12–2, So 12–22 Uhr | Penselstrøget 52 | Roskilde | Tel. +45 25 94 94 43 | musiconmikrobryggeri.dk | €*

8 Leos Wok Café

Nordisch cooles Thai-Restaurant in der Container-Kreativecke am Ragnarock mit guter, typischer Landesküche – plus Kartoffeln. Alles auch als Takeaway. ***Infos:*** *Mo–Do 16–20, Fr, Sa 12–20*

ROSKILDE 2.0

Der Stadtteil Musicon ist ein Wohnzimmer aus gestapelten Containern.

Uhr | Penselstrøget 42 | Roskilde | Tel. +45 21 15 60 10 | €–€€

9 Snekken

Große Trattoria am Hafen, in der du wie im Glashaus sitzt und alles siehst. Schöne Terrasse. Austern, Jakobsmuscheln, Sardinen, Tatar, aber auch Pizzen und Salat. ***Infos:*** *So–Do 10–22, Fr, Sa 10–23 Uhr | Vindeboder 16 | Roskilde | Tel. +45 46 35 98 16 | snekken.dk | €€–€€€*

STELL- & CAMPINGPLÄTZE

10 Freies Parken am Hafengelände

Fantastisch zentraler Platz, auf dem du von Mitte Mai bis Ende September kostenlos parkst (bis mittags kommen!). Direkt nebenan befindet sich der große Museumsparkplatz, auf dem du nachts nicht stehen darfst. Snekken und RoS sind nur einen Steinwurf entfernt, zur Kathedrale kommst du in 12 Minuten zu Fuß durch einen Park. Bitte nicht müllen.

Parkplatz zwischen Museum und RoS

frei | Vindeboder| Roskilde
GPS: 55.649035, 12.078099

▶ **Größe:** *8–10 Stellplätze*
▶ **Ausstattung:** *Keine. Toilette im Museum während der Öffnungszeiten*

11 Grüne Campingplatzweite am Fjord und in Stadtnähe

Nur etwa 4 km nördlich liegt dieser geräumige Campingplatz recht malerisch am Ostufer des Roskilde Fjords. Sehr großes Wiesengelände bis zum Wasser hinunter. Nebenan ist ein steiniger, schmaler Strand, von dem Badebrücken mit Außenduschen in den Fjord führen. Das Restaurant Vigen *(Di–So 12–22 Uhr | Baunehøjvej 5 | Roskilde | Tel. +45 4655008 | vigen.dk | €€)* hat eine angenehm kleine Karte und serviert mehrgängige Menüs mit perfekter Weinbegleitung und gutem Service. Und das an einem Campingplatz! Vorab reservieren.

Roskilde Camping

€€€ | Baunehøjvej 7 | Roskilde
Tel. +45 46 75 79 96 | roskildecamping.dk
GPS: 55.674914, 12.080314

▶ **Größe:** *300 Stellplätze, 18 Hütten*
▶ **Ausstattung:** *Komplett*

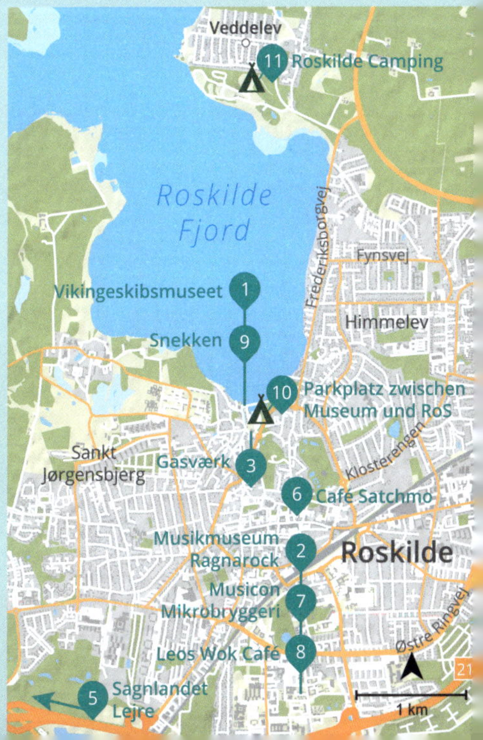

Spot 16

Gilleleje

Mini-Küstenmetropole mit Strandphilosophie

Als Nordlichter verorten Dänen ihre Riviera natürlich an der Nordküste. Das Städtchen Gilleleje bietet dir tatsächlich Strände und Klippenpfade für Spaziergänge links wie rechts: hüben zum Gedenkstein des Philosophen Kierkegaard, drüben zum Leuchtturmmuseum. Im Hafen kampierst du ganz nah dran am Fischereialltag, an gefüllten Fischtheken und Restaurants, aus denen Aromen von Räucherfisch und Dill herüberwehen. Bei Regen bietet ein Kunsttempel Zuflucht.

P *Parkplatz in Hafennähe | GPS: 56.127133, 12.306041*

HEIMLEUCHTEN

Der Nakkehoved-Leuchtturm schaut seit 250 Jahren über das Kattegat und ist heute ein Museum.

AKTIVITÄTEN & SIGHTSEEING

1 Zum Leuchtturmmuseum Nakkehoved wandern

Der noch in Betrieb befindliche Leuchtturm wurde 1772 erstmals angezündet – mit offenem Feuer. Entzückendes kleines Museum mit Aussicht vom **Nakkehoved Fyr** nach Schweden. Vom Hafen läufst du 2,5 km über den Fyrstien nach Osten. Beim Leuchtturm liegt das Gesellschaftslokal Fyrkroen mit großer Terrasse. Ideal für Kaffee mit Aussicht *(Di, Mi, So 11.30–16, Do, Fr, Sa 11.30–22 Uhr | Fyrvejen 20 | Gilleleje | €€–€€€)* ***Infos:*** *Juni–Aug Di–So 10–16, April, Mai, Sept, Okt. Sa, So 11–16 Uhr | 40 DKK, Kinder frei | Fyrvejen 25A | Gilleleje | Museum 1 Std.*

2 Dich am Hornbæk Strand austoben

Ob mit dem Fahrrad oder dem Auto sind's 11 km nach Osten zu einem großen Sandstrand mit Dünen. Dort wird nach dem längsten Tag des Jahres mit dem „Großen Badetag" im kristallklaren, seichten Wasser die Sommersaison eröffnet. Du kannst dich dort an Streetfoodbar und -café Det Fedtede Hjørne mit Essen eindecken und Kinder erobern einen Abenteuerspielplatz am Strand. ***Infos:*** *Det Fedtede Hjørne | Hornbæk | Essstände Mai–Sept. meist tgl. 12–21, Café tgl. 10–22, Bar meist tgl. 12–23/1 Uhr | detfedtedehjørne.dk*

3 Zum Søren Kierkegaard Stenen wandern

Westlich von Gilleleje saß einst der Philosoph Søren Kierkegaard und dachte übers Leben nach. Du kannst über den Gilbjergstien von der Vestebrogade bis zu seinem Gedenkstein Gilbjergstenen 2,5 km und 200 m weiter bis zum höchsten Klippenpunkt (33 m) Gilbjerghoved laufen. Der Blick nach Schweden verleitet zum – Philosophieren. ***Infos:*** *Stein | GPS: 56.127012, 12.273220*

4 Einen Bilderbuchtag am Hafen erleben

Sjællands größter Fischereihafen, **Gilleleje Havn,** ist auch ein beliebter Sport-

REGENTAG – UND NUN?

5 Rudolph Tegners Museum entdecken

Die Skulpturen von Rudolph Tegner (1873–1950) sind über Dänemark verteilt. Bei Gilleleje errichtete er 1937 eine Art Betontempel für seine Werke, die du dort geballt antriffst. Die an griechische Klassik angelehnte Kunst inspiriert zum Zeichnen und Fotografieren. Seinerzeit war so viel nackte Darstellung den Betrachtenden zu erotisch. Wenn der Regen aufhört, kannst du dir auch im Gelände Skulpturen anschauen. Mit Café. ***Anfahrt:*** *Über die 237 bis Dronningmølle, dort links in den Villingerødvej – 10 km* ***Infos:*** *Mitte April–Mai, Sept.–Mitte Okt. Di–So 11–16, Juni–Aug. 10–17 Uhr | 80 DKK, Kinder frei | Skulpturenpark ganzjährig frei | Museumsvej 19 | Dronningmølle | rudolphtegner.dk | 1–3 Std.*

boothafen. Du kannst stundenlang zusehen, wie morgens Fischer Boote entladen, Netze auslegen und flicken, den Betrieb an Slipanlage und Werft fotografieren und zwischendurch in den Restaurants Räucherfisch, Eis oder Sushi erstehen und am Kai verzehren. Überall riecht's lecker, mal salzig und mal süß.

ESSEN & TRINKEN

6 Adamsens Fisk & Deli

Adamsen ist hier seit 1965 der Platzhirsch: Die Auslagen im Fischladen sind ein Hingucker, die Delikatessenabteilung serviert dir Sushi, *Smørrebrød*, Fischsuppe und mehr, im Adamsens Fisk Fast Food speist du Frittiertes. Frischer und bunter geht's nicht. ***Infos:*** *Fastfood Det røde hus tgl. 11–20 Uhr; Fiskebutik Mo–Fr 8–17.30, Fr 8–18, Sa, So 8–16 Uhr; Sushibar & Deli Fr, Sa wie Fiskebutik | Havnen 2 und 3 | Gilleleje | adamsensfisk.dk | €–€€*

Insider-Tipp
Algen mit Biss
Giftgrüner Tangsalat, lecker angemacht, ist Adamsens vegetarische Option.

7 Costa Smeralda

Preislich gute Holzofenpizzen mit klassischem, aber auch kreativem Belag (etwa Kartoffeln), dazu leckere Pastagerichte. Bei den baltischen Betreibern essen auch die Locals gern italienisch. Nur Barzahlung. ***Infos:*** *April–Aug. Mo–Do 16–22, Fr–So 14–22, sonst bis 21 Uhr | Gangen 7 | Gilleleje | Tel. +45 48 30 12 40 | costasmeraldagilleleje.dk | €–€€*

8 Brasseriet Gilleleje

Bestes Restaurant am Hafen mit kleiner Karte: Seeteufelschwanz und Scholle

MORGENBAD

Wer auf dem Parkplatz von Smidstrup Strand übernachtet, kann frühmorgens in die Wellen hüpfen.

gebraten, Kalb, Muscheln. Das Ambiente ist gemütlich-edel und die Smørrebrød-Varianten sind famos. ***Infos:*** *Mai–Sept. Mo–Mi 11.30–16, Do–So 11.30–22 Uhr, sonst kürzer | Nordre Havnevej 3 | Gilleleje | Tel. +45 48 30 21 30 | brasseriet-gilleleje.dk | €€–€€€*

EINKAUFEN

9 Fredbogård Butikken

Uriger Bioladen mit Brot, Müsli, Gemüse und schottischem Rindfleisch fürs Womo. Naturheilkundliche Arzneien und Kinderkleidung gibt's ebenfalls in ökologischer Qualität. ***Infos:*** *Mo–Do 11–17.30, Fr 11–18, Sa 10–14, Juli auch So 11–15 Uhr | Vesterbrogade 26 | Gilleleje*

STELL- & CAMPINGPLÄTZE

10 Am Hafenende mit Wellenklang einschlafen

Idealer Parkplatz auf Asphalt am Nordende des Hafens. Du stehst gut gegen Nordwind geschützt hinter einem Steinwall. Der Veststrand erstreckt sich nebenan. In nur zwei Minuten erreichst du Restaurants, Fisch- und Eisläden. Bezahlt wird am Automaten beim Hafenkontor.

Hafenparkplatz Gilleleje Veststrand

frei | Alfavej | Gilleleje
GPS: 56.128743, 12.308322

- **Größe:** *8–10 Stellplätze*
- **Ausstattung:** *Duschen und Toiletten beim Hafenkontor. Keine Entsorgung, kein Strom, aber WLAN*

11 Parken am Strand

Parkplatz für Besucher des Smidstrup Strand, 5,5 km westlich von Gilleleje Havn. Nachts ist das Stehen nicht verboten und somit ideal für den morgendlichen Strandspaziergang oder ein erfrischendes Bad. Auch Hunde sind am Strand gestattet, aber bitte mit Leine. Dafür gibt es hier keine Restaurants wie am Hafen.

Strandparkplatz Smidstrup

frei | Smidstrup Søvej | Smidstrup Strand
GPS: 56.120073, 12.237028

- **Größe:** *20 Stellplätze*
- **Ausstattung:** *Toiletten*

Geopark Odsherred

Sjællands Nordwesten im Zeichen des Sonnenwagens

Der sehr malerische Norden im ersten UNESCO-Geopark Dänemarks zwischen dem Städtchen Nykøbing Sjælland und der Landzunge Sjællands Odde lädt zum Verweilen ein. Posteiszeitliche Bewegungen formten die Landschaft. Im Trundholm Moor besuchst du die Fundstelle des Sonnenwagens, einer Skulptur aus der Nordischen Bronzezeit. Eine Nachbildung findest du im Odsherreds Museum. Strände locken dich an die Nordküste, der Hafen Odden Havn von Havnebyen verführt zum Übernachten und zum Genuss von besonders edel geräuchertem Fisch.

P *Kleiner Parkplatz am Hafen von Nykøbing | GPS: 55.912268, 11.668604*

HIMMELHOCH UND KNALLROT

Die intensive Farbe der Odden Kirke machte sie wohl zum Seezeichen – natürlich hängt drinnen ein Schiffsmodell.

AKTIVITÄTEN & SIGHTSEEING

1 Im Odden Havn trödeln

Havnebyen mit dem charmanten kleinen Hafen liegt im fernen Westen der Landzunge. Die authentische Szenerie ist Grund genug, hier den Tag zu vertrödeln. Es gibt ein **Tunfischmuseum** in einem alten Schuppen *(im Sommer meist tgl. 9–17 Uhr)*, eine spielerische Wasseraufbereitungs-Installation und das wunderbare Café Noova (▶ S. 148) am Wasser. Die **Fischräucherei Odden Fisk** verkauft während der Sommerferien mit Erlenholz und echter Glut geräucherten Fisch. Entworfen hat das markante Gebäude Arne Jacobsen, weil er hier gern entspannte. ***Infos:*** *Odden Fisk: Ostern und ab Juni meist tgl. 9–15/16 Uhr | Røgerivej 2, 4 | Odde Havn | oddenfisk.dk*

Insider-Tipp

Morgenstund hat Fisch ...

Wenn die Fischer ihre Fänge für die Versteigerung löschen, kannst du ab Boot kaufen.

2 Am Seezeichen Odden Kirke den Blick schärfen

Stoppe kurz vor der Küstenstraßenabfahrt nach Havnebyen an der Kirche. Sie ist in fabelhaftem Rot getüncht, was darauf hinweist, dass sie auch als Seezeichen genutzt wurde – in Rot seit 1874. Ein tolles Fotomotiv! Auch der Eintritt lohnt. Das typischerweise von der Decke hängende Schiff erinnert an eine heldenhafte Seeschlacht gegen die Engländer (1808). ***Infos:*** *Mo–Sa 8–15 Uhr | frei | oddenkirke.dk* ***Parken:*** *GPS: 55.959041, 11.398656*

3 Im Norden Strand und Streetfood genießen

Wenn dir nach Strandtag ist, fährst du den großen **Rørvig Nordstrand** 7 km nördlich von Nykøbing an. Unterwegs schlemmst du bei **Rørvig Street Food.** ***Infos:*** *Rørvig Nordstrand Parkplatz | GPS: 55.952445, 11.718620; Rørvig Street Food | Route 225 | GPS: 55.937994, 11.706868 | €–€€*

4 Zur Freiluftanlage Solvognens Fundsted pilgern

1902 wurde der bronzene **Sonnenwagen von Trundholm** gefunden, 2020 bekam

REGENTAG – UND NUN?

5 Museumsbesuche

Zwei Museen liegen fußläufig zueinander über den Eggebjergvej südlich des Hafens von Nykøbing. Das kulturhistorische **Odsherreds Museum** mit großem Garten ist ein Muss, wegen des Sonnenwagens von Trundholm (als Nachbau). Daneben wartet das **Hempel Glasmuseum** mit antiken und modernen Stücken auf. ***Infos:*** *Odsherreds Museum: Juli Di–So, Aug.–Mitte Okt. Di–Do, Sa, So, sonst nur Sa, So, jeweils 10–16 Uhr | 50 DKK, Kinder frei | Grundtvigsvej 12 | Nykøbing | vestmuseum.dk/de/odsherreds_museum; Hempel Glasmuseum: Bei Drucklegung noch wegen Renovierung geschl., | Annebjerg Stræde 2 | Nykøbing*

die Fundstätte 11 km südlich von Nykøbing eine künstlerisch aufbereitete Installation in der Moorlandschaft. Hier erfährst du alles über den Blick auf die Sonne vor etwa 3500 Jahren und den nach der letzten Eiszeit geformten Landschaftstyp. ***Infos:*** *Freier Zugang | Trundholm Mosevej | GPS: 55.885914, 11.569990*

ESSEN & TRINKEN

6 Noova Restaurant

Eine Genussstation! Natürlich frischer Fisch, ansonsten italienische Fleisch- und Pastagerichte, auch Pizzen. Sehr leckeres Essen, guter Service, große Portionen. Romantische Hafenterrasse. ***Infos:*** *Tgl. 12–21 Uhr | Vestre Havnevej 43 | Odde Havn | noovarestaurant.dk | €€*

7 Mota

Spitzenkoch Claus Henriksen betreibt dieses mit einem Michelin-Stern ausgezeichnete Restaurant in einer ehemaligen psychiatrischen Klinik in Nykøbing Sjælland. Nachhaltige Gastronomie mit vielen Zutaten von der legendären Ackerkrume des Geoparks Odsherred. Nur mit Reservierung! ***Infos:*** *Di–So meist 12–24 Uhr | Annebergparken 50 | Nykøbing Sjælland | Tel. +45 60 43 63 00 | restaurant-mota.com | €€€*

8 Det vilde Køkken

Wilde Küche meint, dass sich Landschaftsingenieur Jørgen seit Jahren aus dem Wildkräuterangebot von Odsherred für Annas Kochtopf bedient – etwa Meerkohl. Das Foodkonzept reicht von Alltagsküche am Donnerstag über Buffets am Freitag und Samstag bis hin zum Sonntagsbrunch. Fleisch und Gemüse sind lokal. Tolle Tapasboxen zum Mitnehmen. ***Anfahrt:*** *6 km nordwestlich von Nykøbing über Vesterlyngvej, Klintvej* ***Infos:*** *Do–Sa 18–mind. 21.30, So*

HYGGE IM HAFEN

Im Odden Havn sind die Schilder verwittert, aber die Gastfreundschaft ist famos.

10.30–15.30 Uhr | Klintvej 158 | Tel. +45 50 48 45 64 | etvildekoekken.com | €–€€

EINKAUFEN

9 Hofladen Birkemosegaard

Gemüse und Obst aus biodynamisch ökologischem Anbau – seit 1986! Fleisch von glücklichen Rindern und viele Delikatessen. Im Hofladen kannst du deine Wohnmovorräte auffüllen. ***Infos:*** *Meist tgl. 9–17 Uhr (Website checken) | Oddenvej 165 | bei Odden Kirke | GPS: 55.961303, 11.386694 | birkemosegaard.dk*

STELL- & CAMPINGPLÄTZE

10 Mit Blick auf den Fjord parken

Im schön angelegten Hafen von Nykøbing stellst du dich auf einen kreisrunden Parkplatz mit Buchten. Passt auch für lange Autocamper. Laufe zuerst zum Hafenkontor und checke über den Automaten ein, dann öffnet sich die Parkplatzschranke. Du stehst nahe den Besucherjachten. Schön und speziell sind die Floating Apartments im östlichen Hafenbecken.

Hafenstellplatz Nykøbing Sjælland

€€ | Snekkevej | Nykøbing Sjælland
GPS: 55.914435, 11.670516

- **Größe:** *11 Stellplätze*
- **Ausstattung:** *Komplett, auch Waschmaschine und WLAN*

11 Klein und fast familiär

Der kleine Parkplatz passt gut in die fast familiäre Atmosphäre auf der schmalen Landzunge. Direkt daneben gibt's drei überdachte Shelterboxen für Wanderer und Radler. Café Noova, Fischladen, Räucherei, Burgerkiosk, Fischerboote – nichts ist mehr als drei Minuten zu Fuß entfernt.

Autocamper Parkplatz Odden Havn

€€ | Østre Havnevej 34 | Odden Havn
GPS: 55.970737, 11.371300

- **Größe:** *6 Stellplätze*
- **Ausstattung:** *Komplett, auch Toilettenentsorgung*

Spot 18

Røsnæs
Sonnenverwöhnte Halbinsel

Die 17 km nach Westen ragende Landzunge wird flankiert vom Leuchtturm Røsnæs Fyr einerseits und der fünftürmigen Frauenkirche in Kalundborg andererseits. Dazwischen frönst du dem Savoir-vivre bei einem Glas Wein von der sonnenverwöhnten Halbinsel oder folgst dem Wanderpfad Røsnæs Rundt. Für kulinarische Fluchten von der Womoküche kannst du zwischen dem Tagesgericht des Edderfuglen-Cafés und den Degustationshappen im Restaurant Gisseløre wählen.

SCHNALL DEN RUCKSACK AN!

Der Blick vom Leuchtturm zurück über die Halbinsel Røsnæs lässt den Wandererpuls schneller schlagen.

AKTIVITÄTEN & SIGHTSEEING

1 Am Røsnæs Fyr Tag und Nacht vertrödeln

Der malerisch gelegene Leuchtturm an der Spitze der Landzunge grüßt von der Klippe. Von oben reizt der Blick zurück über das schmale Landstück. Drinnen windet sich eine moderne Ausstellung über Havarien am vorgelagerten Riff und Kriege um den Turm bis hinauf zur Plattform. Der Weg zur Aussicht führt vom Parkplatz (▶ S. 152) durch den Wald. Picknicktische und ein kleines Café laden zum Verweilen ein. Über eine Treppe kommst du zum schmalen Ufersaum und kannst bis zum Parkplatz zurückwandern. ***Infos:*** *April–Okt. Mo–Fr 11–15, Sa, So 11–16, Juli bis 17 Uhr | frei | Røsnæsvej 477 | Røsnæs | 1–2 Std.*

Insider-Tipp

Wellenrauschen zum Einschlafen

Unterhalb des Turms gibt es ein simples Schlaf-Shelter. Also mal raus aus dem Womo – wenn gerade keine Wanderer dort nächtigen.

2 Auf Dyrehøj Vingård Wein in der Sonne verkosten

Dänemarks größtes Weinregion Røsnæs bekommt wohl bald das europäische Siegel der geschützen Herkunft. Landwirt Tom Christensen und seine Schwester Bettina Newberry haben sich ans Weinmachen gewagt, befeuert vom sonnigen Klima und den Südhängen von Røsnæs. Inzwischen ist ihr Weingut das größte ökologisch geführte Dänemarks und produziert international preisgekrönte Weißweine plus Spirituosen. In diesem Fahrwasser haben sich auf Røsnæs vier kleinere Winzer ans Keltern gemacht. Dyrehøj lädt zu Verkostung, Kauf und Führungen ein. ***Infos:*** *Weinkontor Mai–Aug. tgl. 10–18 Uhr, sonst kürzer | Røsnæsvej 254 | Røsnæs | Tel. +45 70 70 73 99 | dyrehoj.com | 1–2 Std.*

3 Mahlwerke der Mühle Ulstrup Mølle inspizieren

Die prominent gelegene, restaurierte Kornmühle von 1894 ist ein Museum und bietet an Öffnungstagen auch Führungen an. ***Infos:*** *Jeden Di 10–12, Juni–Aug. So 11–15 Uhr | frei | Røsnæsvej 365 | Ulstrup | 1 Std.*

4 Die Røsnæs Rundt wandern

Der Rundwanderweg mit 13 Orientierungspunkten ist insgesamt 25 km

REGENTAG – UND NUN?

5 In der Vor Frue Kirke übers Paradies sinnieren

Von weither sind die fünf Türme der Frauenkirche auf einer Anhöhe in Kalundborg zu sehen. Die Kirche mit dem quadratischen Schiff ist aus Backstein, der auch im Inneren unverputzt ist und ihr ein einzigartiges Gepräge gibt. Die fünf Türme gehen auf die Vorstellung des himmlischen Jerusalem zurück. ***Infos:*** *Tgl. 9–16 Uhr, außer bei Veranstaltungen und Messen | frei | Præstegade 18 | Kalundborg | vorfruesogn.dk | 1 Std.*

lang. Zwei der Wahrzeichen, Naturrummet und Aktivitetshuset på Havnen, sind offizielle Gebäude. Die anderen Landmarken sind Holzhäuschen, die die Landschaft inszenieren und Geschichten über Røsnæs erzählen. ***Infos:*** *Naturraum-Parkplatz GPS: 55.723118, 11.004010; Aktivitetshaus am Hafen GPS: 55.749439, 10.944815 | røsnæsrundt.dk/se-alle-landmarks*

ESSEN & TRINKEN

6 Café Edderfuglen

Direkt an der Naturskole liegt das Café Eiderente, nur Minuten vom Leuchtturm entfernt, herrlich auf einer Anhöhe. Aus den guten, einfachen Gerichten sticht das jeweilige Tagesgericht hervor, zu dem es immer eine vegetarische und glutenfreie Alternative gibt. Gegenüber vom Café führt ein Pfad an braven Ziegen und Eseln vorbei auf eine Aussichtsbank in 55 m Höhe. ***Infos:*** *Do–So 10–16.30 Uhr, Juli, Aug. mehr Tage | Røsnæsvej 460 | Røsnæs | €*

7 Restaurant Næs

Das Strandhotel Rosnæs liegt ufernah und besitzt kulinarische Klasse. Næs Gourmet serviert 4-, 6- und 8-Gänge-Menüs im Gartenzimmer sowie auf der Terrasse. Næs Brasserie wirkt legerer und bietet Gerichte à la carte auch im kleinen Innenhof an. ***Infos:*** *Di–So 18–23 Uhr, im Sommer auch Lunch | Klintedalsvej 69 | Røsnæs | Tel. +45 50 10 30 40 | sh-r.dk | €€€*

VON WEITE TRÄUMEN

Der diskrete Charme der Ostsee reicht bis in den Womoschlaf.

8 Restaurant Gisseløre

Als familiäres Stadtrandlokal liegt Gisseløre vor Kalundborg am Strand (mit Badesteg!). Die Küche ist fein, wobei der lokale Schinken, der vor Ort kaltgeräucherte Lachs, zartes Kalbfleisch und gebratener Seeteufel besonders köstlich sind. Fünf-Gänge-Degustationsmenü, wenn du Zeit hast – es lohnt sich. ***Infos:*** *Mi–So 12–15, 17.30–20/21 Uhr | Radiovej 2 | Kalundborg | Tel. +45 59 51 07 45 | restaurant-gisseloere.dk | €€–€€€*

9 Café Dyrehøj

Das Café des Weinguts (▶ S. 151) serviert kleine, aber feine Gerichte: Dorsch, Risotto, Bruschetta, Humus. ***Infos:*** *Juni–Aug. tgl. 11–16 Uhr, sonst weniger | Facebook: Cafedyrehoj | €€*

STELL- & CAMPINGPLÄTZE

10 End of the World

Ganz am Ende der Halbinsel rollst du noch kurz auf Schotter, dann parkst du auf einem abgelegenen, geräumigen Parkplatz. Zum Leuchtturm läufst du noch zehn Minuten durch den Wald. Vom Parkplatz aus kannst du über eine Treppe hinunter an den schmalen Strand zum Morgenbad hinabsteigen. Am steinigen Ufersaum entlang läufst du 15 Minuten bis zum Leuchtturm auf der Klippe. Verbotsschilder bisher nur für Zelt und Wohnwagen.

Røsnæs Fyr Parkplatz

frei | Røsnæsvej | Røsnæs Fyr
GPS: 55.742314, 10.878176

- ▶ **Größe:** *10–12 Stellplätze*
- ▶ **Ausstattung:** *Keine*

11 Mini-Campingplatz im Grünen

Entspannter, uriger Campingplatz ohne Schick, dessen Zufahrt gegenüber vom Weingut beginnt. Du stehst auf – nicht überall – ebener Wiese und kannst am steinigen Strand baden gehen.

Røsnæs Naturcamping Elverdam

€€ | Elvervej | Ulstrup | Tel. +45 28 56 64 55
GPS: 55.728582, 10.982818

- ▶ **Größe:** *8 Stellplätze*
- ▶ **Ausstattung:** *Toilette, Dusche, Strom*

DIE ROYALS LASSEN GRÜSSEN

Im Lustschloss Rosenborg im Park Kongens Have sind Kronjuwelen und andere Schätze ausgestellt.

Tour F

Schwedisch-dänisches Duett
Rund um den Øresund

Start & Spot 19 **Kopenhagen** ▶ S. 164

115 km

Spot 20 **Helsingør** ▶ S. 170

44 km

Ziel **Kopenhagen**

Der Øresund trennt Dänemark und Schweden, die 2000 eröffnete Brücke darüber verbindet Kopenhagen und Malmö. Es liegt also nahe, dem Brückenschlag zu folgen, Malmös neues Wohnen im Westhafen zu erkunden und mit der Fähre von Helsingborg nach Helsingør wieder auf die dänische Insel Sjælland zurückzuschippern. Helsingørs maritimes Museum ist ein aufregender Bau, während das Louisiana Museum of Modern Art mit entspannter Architektur und hoher Kunst punktet. Besuche Arne Jacobsens Sommerfrische und Karen Blixens Heim.

Strecke 159 km

Reine Fahrzeit 4 Std.

Streckenprofil Bestens befahrbarer Asphalt, in Schweden bist du etwas flotter unterwegs als in Dänemark. Fahrt über Øresundbrücke.

Empfohlene Dauer 4–5 Tage

Anschlusstour E

FACTS

Tour F im Überblick

Tour-Highlights

In *Kopenhagens Kastrup Sjøbad* in die Ostsee springen ▶ **S. 158**

Nachhaltige Stadtplanung in *Malmös Västra Hamnen* bewundern ▶ **S. 160**

Das *Louisiana Museum of Modern Art* als schönstes Museum Europas entdecken ▶ **S. 161**

Natur und Spiele im Park *Dyrehavsbakken* wie die Dänen genießen ▶ **S. 162**

In *Helsingørs Museet for Sjøfart* über Matrosen-Lifestyle sinnieren ▶ **S. 171**

Helsingør
Seite 170
20
HELSINGBORG
Billesholm
E 4
47
Sverige
Louisiana Museum of Modern Art
Svalöv
E 6
Landskrona
Asmundtorp
Karen Blixen Museum
Landskrona Citadell
Saxtorpsskogen
Skodsborg
Øresund
E 47
Kävlinge
Klampenborg Station/Bellevue Strandbad
Bakken
Bjärred
19
19
Kopenhagen
Seite 164
Lomma
Østersøen
E 22
Arlöv
11
Kastrup Lystbådehavn
Malmö
Dragør
E 20
Søvang
E 65
Oxie
E 6
6 km

F Tourenverlauf

LOS GEHT'S!

Start & Spot 19

Kopenhagen
Die kleine Meerjungfrau hat sich zur Ostseekönigin gemausert
▶ S. 164

Optionaler Anschluss: Tour E

8 km Verlasse Kopenhagen hinter der Oper über die Straße Refshalevej. Biege südwärts in Richtung Zentrum auf die Straße Forlandet ab, von dieser dann links in den Raffinaderivej und nach einem kurzen linken Haken über den Prags Boulevard rechts in den Amager Strandvej. Folge der Beschilderung Kastrup Strandpark und Lystbådehavn nach links, bis du am Zipfel des Jachthafens den Parkplatz für das Kastrup Sjøbad findest. Du kannst den Strandpark auf der Insel Amager auch über die Brücke Langebro und den Amager Boulevard ansteuern.

Kastrup Lystbådehavn

Der Amager Strandpark ist ein fabelhafter maritimer Erlebnisparcours mit Strand, Lagunen, Promenaden und Strandbädern, 2005 am Ostufer der Insel Amager angelegt.

Kastrup Sjøbad
Zur poetisch wirkenden Holzkonstruktion des Freibads führt ein Badesteg vom Parkplatz. Hier kannst du dir ein erfrischendes Bad gönnen. Den Strandbadbesuch komplett macht ein großes Sandwich im **Café Baaden** im Hausbootstil, nur 300 m nördlich vom Sjøbad (*Mai–Sept. tgl. 10–21 Uhr, sonst kürzer | Havkajakvej 16 | cafebaaden.com | €).*

i *Kastrup Sjøbad | Kastrup Havnen | tgl. freier Zugang*

P *Kastrup Sjøbad | GPS: 55.644277, 12.648148*

Den Blå Planet
Unter einer sich wie ein Strudel gebärdenden Form mit Aluminiumschuppen findest du Nordeuropas größtes Aquarium. Der Besucherhit ist in fünf globale Ökosysteme aufgeteilt und bietet Vorführungen etwa aus dem Bereich der Physik, nicht nur für Kinder. Piranhas, Anakondas, Stachelrochen und Haie sind die Stars.

i *Jacob Fortlingsvej 1 | Kastrup | Juli, Aug. 10–21, sonst bis 17 Uhr | online ab 209 DKK, 3–11 J. ab 112 DKK | denblaaplanet.dk | 2–3 Std.*

30 km Vom Strandpark fährst du kurz südwärts Richtung Flughafen, biegst davor nach Osten auf die E 20 und bist im Nu auf der Øresundsbron nach Malmö. An der Ausfahrt Trafikplats Vintrie verlässt du die Autobahn Richtung Malmö V. In vier Kreisverkehren hältst du dich geradeaus Richtung Zentrum, dann Richtung Bellevuegården. Im fünften Kreisverkehr die dritte Ausfahrt wählen. Im sechsten biegst du rechts in den Bellevuevägen. Wenn du den C-Ring (Centrumringen) erreichst, fährst du kurz links auf die Regimentsgatan und sofort wieder rechts auf den Ribersborgsvägen, der dich zum Parkplatz für das Ribersborg-Badehaus bringt *(GPS: 55.601976, 12.968260).*

Malmö

Die drittgrößte schwedische Stadt wirkt quirlig, was auch daran liegt, dass etwa die Hälfte aller Einwohner Zuwanderungsgeschichte hat. Nach der Öffnung der Øresundbrücke (2000) sind darunter auch Tausende von Dänen aus Kopenhagen. Während einer drei- bis fünfstündigen Stippvisite läufst du von der typisch schwedischen Badeanlage **Ribersborgs Kallbadhus** am Ufersaum auf das markante Hochhaus **Tur-**

SCHÖNER WOHNEN

Der Turning Torso schraubt sich aus dem umgenutzten Westhafen Malmös.

KUNST IN SICHT

Das Louisiana Museum am Øresund ist von 45 Skulpturen umstellt.

ning Torso des Architekten Santiago Calatrava zu. Wie ein Ausrufezeichen ragt es aus dem vom Werftmoloch zum In-Viertel gewandelten Stadtteil **Västra Hamnen** (Westhafen) auf. Der nachhaltig konzipierte Lebensraum im ehemaligen Industrie-Areal bietet auf 175 Hektar Wohnen, Arbeit und Freizeit für über 10 000 Menschen und ist komplett klimaneutral und -autark gestaltet. Lange Holzbänke sind zum Øresund hin ausgerichtet. Deine Runde im Uhrzeigersinn führt dich dann auf kurzem Weg am **Schlosspark** und dem **Schloss** vorbei auf die beiden schönen Plätze Lilla Torg und Stortorget. Schließlich endet dein Rundgang wieder am urigen Kallbadhus von 1898.

Insider-Tipp
Sauna statt Smørrebrød

Ein Saunabesuch und anschließend ein Sprung in den Øresund machen den Malmöausflug komplett – auch im Winter!

Ribersborgs Kallbadhus | April–Sept. Mo–Fr 9–21, Sa, So 8–18 Uhr, sonst kürzer | 75 SEK | Limhamnsvägen, Brygga 1 | Malmö | 2 Std.

Tolle Teleaufnahmen des Turning Torso über dem Westhafen sowie der Øresundbrücke gelingen dir von der Brücke des Ribersborgbads.

47 km Fahre zurück zur Regimentsgatan und biege nach links in westliche Richtung ab. Geradeaus bis du auf die E 6/E 20 Richtung Göteborg stößt. Die Reise geht nun nach Norden bis zur Autobahnausfahrt 25, die du in Richtung Landskrona C nach Westen verlässt. Rolle geradeaus durch Landskrona, bis rechts ein Hinweisschild Citadellet auftaucht.

Landskrona Citadell

Der Øresund war umkämpft. Die Burg wurde 1549 vom Dänen-König beauftragt, ging 1648 an Schweden und ist heute eine der größten nordischen Festungen. Gewaltige Ecktürme, Wassergraben – heute lädt das zum Flanieren ein. Dabei entdeckst du eine am Ufer stehende Skulptur Selma Lagerlöfs, die 1909 als erste Frau den Nobelpreis für Literatur bekam. Sie blickt übers Wasser in die Ferne, als ob sie dem Schweden ihrer Erzählungen nachtrauere. Übrigens gibt's nebenan seit 2025 eine öffentliche Sauna *(Kallbadhus | landskrona.se)!*

i *Burg tgl. 9–18 Uhr | frei | Selma Lagerlöfs väg 55 | Landskrona | 1 Std.*

P *GPS: 55.872205, 12.819667*

30 km Fahre zurück zur E 6/E 20 und folge ihr nach Norden bis zur Ausfahrt 28 gen Helsingborg. Über die E 4 kommst du zum Fährhafen. Nach einem 20-minütigen batteriebetriebenen Fährtrip legst du im dänischen Helsingør an *(drei Abfahrten/Std. | ab 199 SEK | forseaferries.com)*.

Spot 20

Helsingør
Das Tor zum Sund ▶ **S. 170**

Optionaler Anschluss: Tour E

9 km Deine Weiterfahrt orientiert sich am Øresund-Ufer in Richtung Kopenhagen. An einem Kreisverkehr in Helsingør zunächst auf die E 47 fahren. Kurz darauf fädelst du dich in die 152/Strandvejen ein. In Humlebæk folgst du dem Hinweis zum Louisiana Museum.

Louisiana Museum of Modern Art

Das private Museum wird öffentlich unterstützt. Seine hochklassige Sammlung von Kunst nach 1945 und mehrere Wechselausstellungen pro Jahr machen es zum bedeutendsten Museum seiner Art in Nordeuropa. Es ist auch das gemütlichste Heim für moderne Kunst, denn seine Pavillonstruktur schmiegt sich in die hügelige Landschaft am Øresundufer. Im Garten, zu dem auch das Café hinausgeht, stehen ikonische Skulpturen inmitten von Natur- und Landschaftskunst. Ein Highlight ist der Giacometti-Raum.

Di–Fr 11–22, Sa, So 11–18 Uhr | 145 DKK | Kinder frei | Gl Strandvej 13 | Humlebæk | louisiana.dk | 3–4 Std.

10 km | Die Fahrt auf der 152 führt dich am kleinen Jachthafen von Nivå vorbei.

Karen Blixen Museum

Die in Deutschland als Tania Blixen bekannte Schriftstellerin wurde durch ihren verfilmten autobiographischen Roman „Jenseits von Afrika" weltberühmt. In ihrem Haus in Rungsted lebte sie all die Jahre, die sie nicht als emsige, aber erfolglose Hochland-Kaffeefarmerin in Kenia verbrachte. Das Museum dokumentiert ihr nicht immer glückliches Leben mittels Fotografien und Gegenständen. Blixen erkrankte in Afrika an Syphilis und litt danach unter ständigen Schmerzen. Umgeben ist das Gebäude von einer alten Parklandschaft, die sie zum Vogelschutzgebiet erklärte.

Di–Do 11–21, Fr–So 11–17 Uhr | 125 DKK, Kinder frei | Rungsted Strandvej 111 | Rungsted Kyst | blixen.dk | 2 Std.

13 km | Du rollst weiter südwärts auf der 152 – immer gemächlich, denn es gibt viele Aus- und Anblicke auf Dänemarks schönstem Strandboulevard. In Klampenborg stoppst du für ein Frühwerk von Arne Jacobsen.

Klampenborg Station/Bellevue Strandbad

Zu den ersten Großprojekten des Architekten Arne Jacobsen gehört das Ensemble von Bellevue Strandbad und Bellavista-Wohnanlage (1932) in Klampenborg. Jacobsen entwarf nicht nur die Gebäude, sondern auch die Uniformen der Angestellten, die Kioske und Rettungstürme am Strand. Das Kunstwerk markiert den Beginn des Modernismus in Dänemark.

P *Peter Lieps Vej | GPS: 55.778782, 12.588726*

2 km | Ein paar Meter nach Norden auf der 152 biegst du in den Dyrehavsvejen – dein Ziel Bakken (auch: Dyrehaven) ist ausgeschildert.

Bakken

Bereits 1583 war hier der Marktplatz im königlichen Park Jægersborg Dyrehave. Im kultigen Vergnügungspark **Dyrehavsbakken** leben heute freilaufendes Rotwild, Damm- und Sikahirsche. Es locken 50 Restaurants und über 30 Fahrgeschäfte – Highlight ist die Holzachterbahn Rutschebanen von 1932. Ein Waldspaziergang mit Tiersichtungen und Fotos vom Jagdschlösschen im Zentrum des 11 km² großen Parks macht Spaß.

i *April–Aug. tgl. 11–23 Uhr, sonst Fr–So | Zugang frei, Fahrgeschäfte extra, Parken 100 DKK | Dyrehavevej 62 | Klampenborg | bakken.dk*

P *GPS: 55.773348, 12.578352*

10 km Du fährst über Klampenborgvej und Hvidørevej zurück und biegst rechts auf den Kystvejen/152 ab. Links taucht Arne Jacobsens **Designtankstelle am Skovhoved Havn** auf – mit großer Eistheke. In Charlottenlund verlässt die Straße die Küste. An einem Fitnesscenter linker Hand biegst du links in die Straße Strandøre ab. Kurz nach dem Stadtstrand Svanemøllen biegst du links ab und erreichst den **Svanemøllen Autocamperplads.** S-Bahn- und Metrostation Svanemøllen sowie die Metrostation Nordhavn für einen Trip ins Zentrum von Kopenhagen sind ums Eck *(GPS: 55.717977, 12.589270)*.

Insider-Tipp
Cooles Lakritz
Echte Dänen lieben Lakritz – auch als Eis! In der Jacobsen-Design-Tanke wagst du's.

Ziel Kopenhagen

STILVOLL BADEN

Bellevue Beach gehört zum modernistischen Gesamtkunstwerk von Arne Jacobsen.

Spot 19

Kopenhagen

Die kleine Meerjungfrau hat sich zur Ostseekönigin gemausert

In der Hauptstadt mit 667 000 Einwohnern kannst du dein Womo getrost stehen lassen und auf Leihrad, S-Bahn, Metro und Hafenbus umsteigen. Die sehr gemütlichen Ecken der Innenstadt eroberst du zu Fuß, die neuen Stadtvisionen Ørestad und Nordhavn erreichst du mit Metro oder S-Bahn. Tivoli und Fristaden Christiania bieten echte Kontraste. Ebenso großartig wie der Blick von der Erlöserkirche ist eine ganztägige Radtour rund um den Hafenkanal.

P *Großer Parkplatz an der Oper | Mo–Sa 17 Uhr 35 DKK, danach und auch So frei | ca. 10 Min zu Fuß in die City | GPS: 55.683345, 12.602957*

ZWEIRAD-HYPE

Radlern schlägt man in Kopenhagen immer wieder neue Brücken.

AKTIVITÄTEN & SIGHTSEEING

1 Im Tivoli vergnügen

Einmal im Jahr will jede Dänin und jeder Däne den Vergnügungspark besuchen – Zuckerwatte schlecken inklusive. 1843 zur Volksbelustigung noch außerhalb des Stadtwalls eröffnet, liegt er heute ums Eck vom Hauptbahnhof. Fahrgeschäfte, Lichtschauen, Bühnen, ein See und über 40 Restaurants. Tritt ein in die dänische Vergnügungswelt. ***Infos:*** *Etwa 8. April–25. Sept., 13. Okt–6. Nov., 18. Nov.–31. Dez. So–Do 11–23, Fr, Sa 11–24 Uhr | ab 190 DKK, Kinder ab 95 DKK | Vesterbrogade 3 | Kopenhagen | tivoli.dk | 1–3 Std.*

2 Am Hafen radeln und baden

Wie gut Kopenhagen als Radstadt funktioniert, kannst du selbst erfahren, wenn du mit dem Fahrrad den Hafen umrundest. Die beschilderte 13-km-Tour führt über fünf Radbrücken, darunter die von Ólafur Elíasson entworfene poetische Cirkelbroen gegenüber der Bibliothek Den Sorte Diamant und die spektakuläre Cykelslangen. Unter der „Fahrradschlange" lockt das **Hafenschwimmbad** an der Kalvebod Brygge. ***Infos:*** *visitcopenhagen.com/copenhagen/neighbourhoods/area-guide-harbour-circle; Kalvebod Brygge Bad Juni–Aug. kostenlos | 3–5 Std.*

Insider-Tipp
Bike safety
Ein- und Ausfädeln in den Radlerfluss erfordert Koordination. Dein erhoben ausgestreckter Arm signalisiert, dass du gleich stoppst.

3 Auf dem Gråbrødretorv gemütlich verweilen

Die grauen Brüder im Platznamen erinnern an ein verschwundenes Franziskanerkloster. Doch noch immer glänzt der urgemütlichste Platz der City mit alten Hausfassaden, bürgerlichen Restaurants, Kopfsteinpflaster, Platane und filmreifer Kulisse aus dem 18. und 19. Jh.

4 Anarchische Gefühle in der Fristaden Christiania erlauben

Das 1971 friedlich eroberte Ex-Marinegelände im Citybereich konnte nicht mehr geräumt werden und entwickelte sich zur geduldeten autonomen Wohnsiedlung am Wasser, die wegen kreativer Basisdemokratie berühmt, aber wegen offenen Drogenverkaufs auch kritisiert wurde. Aktuell ist der Drogenverkauf in Christiania tabu! Zumindest mittelfristig steht das Sieben-Hektar-Filetstück Investoren und Stadtplanern nicht zur Verfügung. Gut 500 000 Touristen im Jahr schon. ***Infos:*** *Hauptzutritt Prinsessegade/Bådmandsstræde | Christianshavn | christiania.org | 1–2 Std.*

Insider-Tipp
Insiderwissen
Lässt du dich von einem Bewohner ab Haupteingang führen, erfährst du Christianias Geheimnisse (Juli, Aug. tgl. 15 Uhr, sonst Sa, So | 70 DKK in bar).

5 Den Blick vom Turm der Vor Frelsers Kirke wagen

Schon Romancier Jules Verne verewigte die Erlöserkirche in seinem Roman über die Reise zum Mittelpunkt der Erde. Genauer gesagt jene sich um die Turmspitze windende, vergoldete Treppe, die oben sehr eng ausläuft. Der Wendeltrip belohnt Schwindelfreie mit dem verwegensten Blick auf Stadt und Hafen. Im Sommer buchen. ***Infos:*** *Mai–Sept. 9–20, sonst 10–17Uhr | 69, Kinder 20 DKK | Sankt Annæ Gade 29 | Christianshavn | vorfrelserskirke.dk*

6 Im Stichkanal Nyhavn zum Feierbiest werden

Die Nordseite des Stichkanals zwischen Kongens Nytorv und dem Schauspielhaus ist Kopenhagens Ikone. Sie steht für *hygge*, Restaurantterrassen, Partystimmung und bunte alte Gebäude, die an eine Spelunkenvergangenheit, aber auch an Adressen von Märchenautor Andersen (Nr. 18, 20, 67) erinnern. Hier starten auch Hafenrundfahrten.

7 Märchenhafte Gefühle an Den lille Havfrue erleben

„Die kleine Meerjungfrau" ist einerseits eine Märchenfigur von H. C. Andersen, andererseits die Hommage des Künstlers Edvard Eriksen an die Ballerina Ellen Price. Dass sie nur 1,25 m klein ist, überrascht viele, die zu ihrem Ansitz beim Langeliniekaj pilgern.

8 Die Neustadt Ørestad mit der Hochmetro bereisen

Wie verwegen Kopenhagens Stadtplaner in die Zukunft blicken, kannst du auf dem überirdischen 7-km-Metrotrip durch den neuen Stadtteil erfahren. Stararchitekten wie Daniel Libeskind und Bjarke Ingels durften für 20 000 Bewohner planen und futuristische Wohnhäuser bauen, dazu kommt das blaue Radiohaus von Jean Nouvel, eine geniale Schule und das Hotel Bella Skye mit sehr schiefen Türmen. ***Infos:*** *Metro M 1 Kongens Nytorv bis Vestamager | alle 4 Min., 19 Min. Fahrt*

9 Durch die Zukunftsstadt Nordhavn schlendern

Noch nachhaltiger als Ørestad soll die bauliche Umformung des Nordhafens für 60 000 Bewohner (bis 2030) werden. Vieles in der autofrei geplanten „Fünf-Minuten-Stadt" am Wasser steht bereits. Du solltest dich in der europaweit modernsten Urbanität umsehen und den Kontrast zwischen zukünftiger

REGENTAG – UND NUN?

10 Im Dansk Arkitektur Center staunen

Passend zur baulichen Entwicklung des Innenhafens mit Oper, Schauspielhaus und demnächst Wasserkulturhaus (Kengo Kuma) sowie Opernparklandschaft hat Rem Koolhaas unweit der schwarzen Bibliothek den multifunktionalen Glaskubus BLOX errichtet. Passendster Einzug ist das Architekturzentrum DAC, in dem du Stadtplanung und -ökologie als kolossal spannendes Metier entdeckst. ***Infos:*** *Tgl. 10–18, Mo, Do bis 21 Uhr | 125 DKK, Kinder frei | Bryghusgade 10 | Kopenhagen | dac.dk | 1–2 Std.*

und alter Gemütlichkeit der Innenstadt auf dich wirken lassen. ***Infos:*** *Metro M 4 Kongens Nytorv nach Orientkaj | alle 3 Min., 14 Min. Fahrt*

ESSEN & TRINKEN

11 Torvehallerne

Die Gourmetmarkthallen am Bahnhof Nørreport verkaufen und servieren nur edle und ausgesucht vielfältige Produkte. Hier trifft man sich zum Lunch oder zum Feierabendsnack. ***Infos:*** *Mo–Fr 10–19, Sa, So 10–18 Uhr | Frederiksborggade 21 | Kopenhagen | torvehallernekbh.dk*

12 La Banchina

Kleines Café mit Badebassin und sogar Sauna im noch nicht gentrifizierten Brachgelände Refshaleøen nördlich von Christianshavn. Biodynamisch angebautes Gemüse und Seafood. Buchung Sauna über Website. ***Infos:*** *Café Juni–Aug. 8–22, sonst 18/20 Uhr; Sauna 8–20 Uhr, 105 Min. ab 800 DKK bis 8 Pers. | Refshalevej 141 | Kopenhagen | labanchina.dk | €–€€*

13 Sidecar

Tolles Café im Szeneviertel Nørrebro. Reichhaltige, auch vegane Brunch-Platten, abends totaler Wechsel zum asiatischen Streetfood Maobao. ***Infos:*** *Di–Do 8–22.30, Mo 8–16, Fr 8–24, Sa 9–24, So 9–15.30 Uhr | Skyttegade 5 | Kopenhagen | Tel. +45 20 99 97 27 | sidecarnoerrebro.dk | €€*

14 Café 8 Tallet

Am nördlichen Ende der Metrolinie in Ørestad steht das futuristische Wohnge-

NIGHTLIFE

Das Kultufer des Stichkanals Nyhavn hat höchstens in den Morgenstunden ein wenig Ruhe vor dem nächsten Ansturm.

bäude 8 tallet. Das Café in der Anlage changiert zwischen Wohnzimmer und Brasserie und serviert *Smørrebrød*, Risotto und Burger. Verdauungsspaziergang durch die Wohnebenen gefällig? Nicht fotografieren! ***Infos:*** *Tgl. 11–20.45 Uhr | Richard Mortensens Vej 81 | Ørestad | Tel. +45 32 62 86 28 | brasseriet-8tallet.dk | €€*

EINKAUFEN

15 Strøget

Die berühmte Einkaufsmeile misst zwischen dem preiswerten Ende am **Rådhuspladsen** und dem teuren am grünen **Kongens Nytorv** gut 1 km. Das Filetstück verläuft zwischen letzterem Platz und der tollen urbaneren Plaza **Amagertorv.** Spannendste Adresse für Design ist das Einrichtungsgeschäft **Illums Bolighus.** Fast schon ein Museum für Porzellan ist **Royal Copenhagen.** ***Infos:*** *Royal Copenhagen | Amagertorv 6; Illums Bolighus | Amagertorv 10 | beide tgl. 10–19, Sa, So 10–17 Uhr*

16 Flying Tiger Copenhagen

Das weltweit mit fast 1000 Läden aufgefächerte Netz des Designdiscounters nimmt in Kopenhagen seinen Ausgang – im Citybereich findest du ein halbes Dutzend Tiger-Läden, die mit praktischen, witzigen, manchmal obsoleten, immer aber preiswerten und gut designten Stücken zum Shoppen locken. ***Infos:*** *Mo–Fr 10–19, Sa, So 10/11–17 Uhr | Frederiksborggade 1, 23, Frederiksberggade 11b, Strandgade 71, Østerbrogade 21*

AUSGEHEN

17 Kødbyen

Im Fleischquartier wird heute in jeder Kategorie – auch preislich – gespeist, getrunken, Kunst geguckt und einfach abge-

OZEANISCH

Der Amager Strandpark aufgeschüttet, das Strandbad Kastrup durchgestylt – hier badet Kopenhagen.

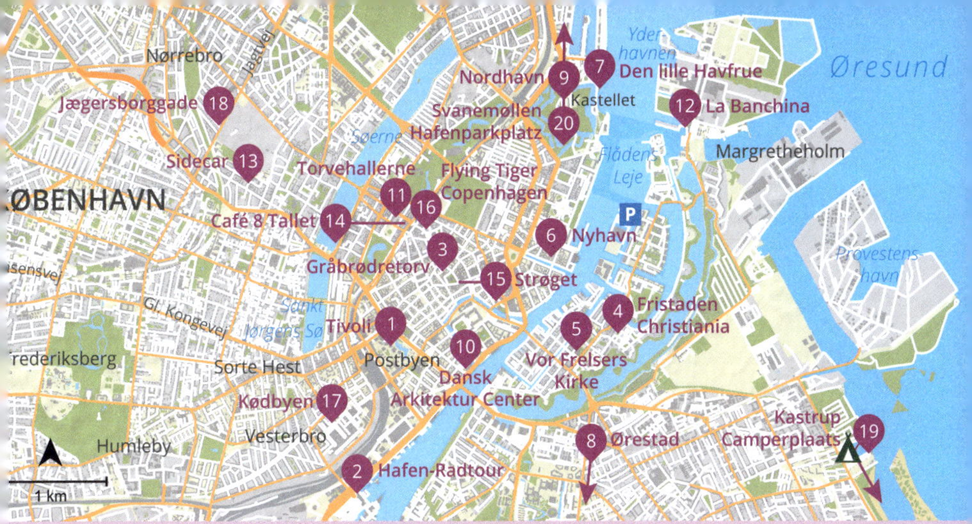

hangen. Vieles noch im alten Kachelinterieur. Kunst und Jazz ist in die alten Stallungen eingezogen. ***Infos:*** *S-Bahn Dybbølsbro | Kopenhagen Vesterbro*

18 Jægersborggade

Die 400 m lange Straße war ein Drogensumpf, bis die Eigner und Mieter ihre Souterrains an eine gemischt-kreative Szene vermieteten und die spannendste Flanierstraße der Stadt kreierten. Sauerteigbäcker, Porridgecafé, Weine ungefiltert, Designerschmuck, Schallplatten, Szenecafé, Tätowierlounge etc. ***Infos:*** *Metro Nuuks Plads*

STELL- & CAMPINGPLÄTZE

19 Parken im Amager Strandpark

Parkplatz neben dem Sportboothafen Kastrup, unweit des Flughafens Kastrup. Die eine oder andere Lärmbelästigung wird durch den Preis, die schöne 25-Minuten-Fahrradanbindung zur City, den famos gestalteten, immer zugänglichen Badeposten Kastrup Sjøbad am Ende einer Badebrücke und die Nähe zur Metro mehr als ausgeglichen. Das Aquarium Den Blå Planet ist ebenfalls nicht weit.

Kastrup Camperplaats

€€ | Kastrup Strandpark | Kopenhagen Amager
GPS: 55.642074, 12.649339

- **Größe:** *40 Stellplätze*
- **Ausstattung:** *Komplett, auch Entsorgung*

20 Hafenparken am Puls der Zukunft

Der typische Sportboothafen-Womoplatz ist nicht gemütlich und zudem teuer, dafür aber ideal platziert zwischen einem Stadtstrand und der sich im Bau befindlichen futuristischen Nordhafen-City. Mit dem Zug ist man flugs downtown, auch mit dem Leihrad. Es ist nicht weit zum Schiffsanleger des Hafenbuses, der dich rüber zum Streetfood-Mekka auf Refshaleøen bringt. Vor dem Bezahlen vor der Schranke nach Platz schauen.

Svanemøllen Hafenparkplatz

€€€ | Svaneknoppen | Kopenhagen Nordhavn
GPS: 55.718008, 12.589518

- **Größe:** *15 Stellplätze*
- **Ausstattung:** *Komplett*

Spot 20

Helsingør
Das Tor zum Sund

Auf vier Kilometer verengt sich der Øresund zwischen dem dänischen Helsingør und dem schwedischen Helsingborg. Der elektrisch betriebene Fährverkehr ist mithin ein Nahverkehrsmittel für die Anwohnerschaften. Helsingør hat sich hübsch gemacht und aus der ausgemusterten Werft ein geniales Seefahrtmuseum plus Kulturtempel geschaffen. Die 64 000-Einwohner-Stadt eroberst du auf einer geführten Fahrt mit dem Segway. Über allem thront Schloss Kronborg. Hamlet lässt grüßen.

P *Kostenlose bzw. günstige Parkmöglichkeit bei der Markthalle Værftetsmadmarked und in Museums- und Schlossnähe | GPS: 56.039351, 12.614449*

HELSINGØR, NICHT HELSINGBORG

Shakespeare ließ seinen Hamlet in Schloss Kronborg in Helsingør residieren. Schwedens Helsingborg schaut neidisch rüber.

AKTIVITÄTEN & SIGHTSEEING

1 Im Kronborg Slot Hamlet besuchen

In klassischer Verteidigungsmanier, aber romantischer Anmutung blickt Kronborg übers Wasser nach Schweden. Frederik II. baute 1585 eine ältere Zollburg stattlich aus. Zur nordischen Renaissance kamen nach Brand und Wiederaufbau Barockelemente. Rittersaal, Kirche, Gemächer und flandrische Gobelins mit Königsportraits, dazu die poetische Aneignung von Shakespeare durch den dänischen Prinzen Hamlet – das ist UNESCO-Kulturgut. Nicht zu vergessen: Holger Danske, der mythische Krieger, wacht hier über sein Land. ***Infos:*** *Mai–Okt. tgl. 10–17, sonst Di–So 11–16 Uhr | 145 DKK, Kinder frei | Kronborg 1 | Helsingør | kronborg.dk | 2–3 Std.*

2 Dem Matrosenlos nachspüren

Die Werft schloss 1983. 2007 bekam das Architekturbüro BIG (Bjarke Ingels Group) den Umbauauftrag, da das **Museet for Sjøfart** aus Schloss Kronborg ausziehen musste. 2013 öffnete das Meisterwerk Ingels', der Gebäude unterirdisch spiegeln musste, um die Schlossansicht nicht zu verstellen. Diese tiefe Versenkung und den Leerrahmen um das 150 m lange alte Dock herum bestaunst du von der oberen Brüstung und begehst dann den Umraum der inneren Betongalerien kostenlos. Drinnen erwartet dich ein hippes Industriemuseum mit Café. ***Infos:*** *Juli, Aug. tgl. 11–18, sonst Di–So 11–17 Uhr | 145 DKK, Kinder frei | Ny Kronborgvej 1 | Helsingør | mfs.dk | 1,5–2 Std.*

3 Im Kulturhavn Kronborg Kultur statt Arbeit finden

Strukturwandel geglückt: Die Hafenmole schmückt die Skulptur „Herakles und die Hydra". Das Gegenstück „Han" am Kai gegenüber ist das Humor und Umgebung widerspiegelnde männliche Gegenstück der Kopenhagener Meerjungfrau. Ein Feuerschiff ist vertäut und der postmodern umgebaute Werftbau ist heute Kulturværftet mit Werftmuseum, Theater, Bibliothek und Café. ***Infos:*** *Værftsmuseet Mo–Fr 10–17, Sa, So 11–17 Uhr | frei | Kulturværftet, Allégade 2 | Helsingør | hel singormuseer.dk | 1 Std.*

4 Mit Segways über Segs and the City mehr erfahren

Macht nichts, wenn manche Segway schon für altmodisch halten – Helsingør bietet gleich vier Touren an, besonders die 1,5 Std. Stadtführung durch die

REGENTAG – UND NUN?

5 Dem Sund auf den Grund gehen

Das **Øresund Akvariet** ist ein feines Aquarium, das nicht alle Weltmeere abdeckt, sondern Øresund und Kattegat. Wobei die obere Wasserschicht typisch für einen Meeresarm ist, während tiefer ozeanische Fauna dominiert. Becken mit Fischen zum Anfassen. ***Infos:*** *Mo–Fr 10–16, Sa, So 10–17 Uhr | 80 DKK, Kinder 60 DKK | Strandpromenaden 5 | Helsingør | oresundsakvariet.ku.dk | 1 Std.*

urige Innenstadt entlang spannender historischer Infopoints. Es gibt auch *Segs on the beach*, eine Hamlet-Tour und eine speziell für Familien. Vorab buchen und Zeit vereinbaren. ***Infos:*** *Ganzjährig tgl. | 349 DKK für 1 Std. , 299 für 1,5 Std. Stadt- oder Strandfahrt | ab 8 Jahre | Tel. +45 91 52 05 20 | Nordhavnsvej 4 | Helsingør | segs.nu*

ESSEN & TRINKEN

6 Værftetsmadmarked

Kulinarische Eroberung des Werftgeländes: Hinter der Kulturwerft liegt die Markthalle und führt durch die Weltküche (Italien, Japan, Mexiko etc.) im modernen Streefood-Style. Gemütlich möbliert. ***Infos:*** *Juni–Sept. tgl. 11–21, sonst kürzer | Nykronborgvej 2 | Helsingør | vaerftetsmadmarked.dk | €–€€*

7 Spisehuset

Moderner Bio-Snackstopp für Theater- und Bibliotheksbesucher sowie Kulturhafenflaneure. Toller Schlossblick. Kleine Gerichte, etwa Panini. ***Infos:*** *Mo–Fr 9–19, Sa, So 10–17 Uhr | Kulturværftet| Helsingør | kuto.dk/spisehuset | €€*

Insider-Tipp
Beste Aussicht

Im Sommer ist ein Platz auf der Terrasse mit Schlossblick wunderbar.

8 Strandvejsristeriet

Cool und *hygge* zugleich ist die Kafferösterei im Schlossbereich. Fairer Kaf-

KLEINSTADTCHARME

In der Altstadt von Helsingør herrscht eine ziemlich hyggelige Atmosphäre.

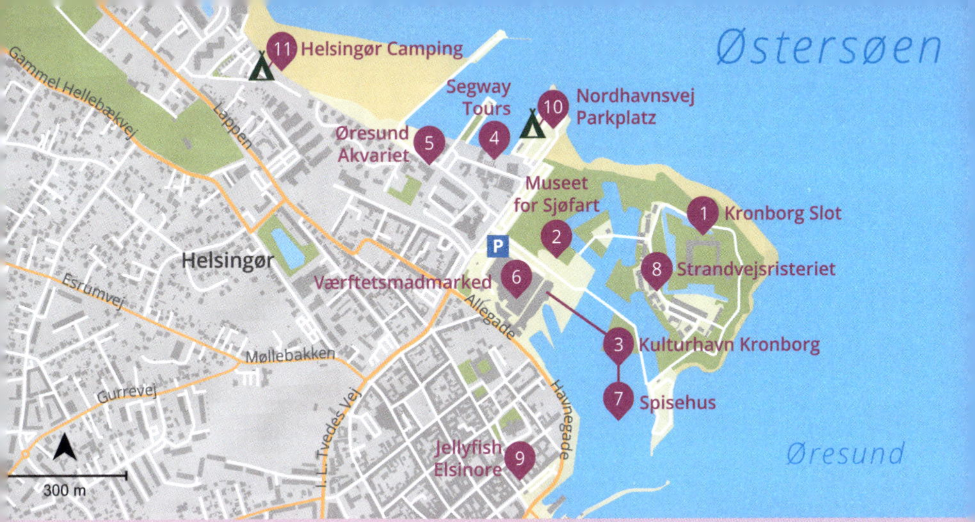

fee mit Muffins und Croissants beim Besuch der Anlage. ***Infos:*** *Mo–Fr 9.30–17, Sa, So 10–17 Uhr | Kronborg, Gebäude 12A | Helsingør | strandvejsristeriet.dk | €*

9 Jellyfish Elsinore

Austern mit Sprossengemüse, roher Tunfisch, Biomuscheln und Kurzgebratenes auf Holzbrettern. Hier schlemmst du bunteste Meeresküche. ***Infos:*** *Mo–Fr 11.30–22, Sa, So 10–22 Uhr | Strandgade 79 | Helsingør | Tel. +45 53 56 99 63 | Facebook: JellyfishHelsingor | €€*

STELL- & CAMPINGPLÄTZE

10 Praktisches Parken am Hafengelände

Auf dem typischen Hafenparkplatz – zum Teil freies Parken – sind sechs Parkplätze zwischen Juni und September für Womos klar markiert. Automatenzahlung beim Hafenmeister. Den Bon sichtbar hinter der Windschutzscheibe platzieren, denn hier wird regelmäßig kontrolliert. Kurzer Fußweg in die Stadt.

Nordhavnsvej Parkplatz

€€ | Nordhavnsvej | Helsingør
helsingor-havne.dk
GPS: 56.041746, 12.615352

- **Größe:** *6 Stellplätze*
- **Ausstattung:** *Komplett, inklusive freiem WLAN ohne Passwort*

11 Campingplatz mit direktem Strandzugang

Auf dem mittelgroßen Campingplatz stehst du auf Asphalt, hast dafür aber den schönen sandigen Citystrand Helsingørs direkt vor der Campertür. Wenn Algen blühen, riecht es typisch muffig. Kulturhafen und Stadt liegen keinen Kilometer entfernt.

Helsingør Camping

€€€ | Strandaleen 2 | Helsingør
Tel. +45 49 28 49 50 | helsingorcamping.dk
GPS: 56.043336, 12.605464

- **Größe:** *90 Stellplätze*
- **Ausstattung:** *Komplett. E-Bike 275 DKK/Tag*

Planen – Packen – Losfahren

Anreise

Deine Anreise und damit die Vorfreude auf Dänemark startet in Hamburg. Sollte Jütland – also das dänische Festland – dein primäres Ziel sein, wirst du etwa zwei Stunden nördlich von Hamburg die dänische Grenze überqueren. In Deutschland kannst du flott über die Autobahn düsen und zwischen mehreren Grenzübergängen wählen. Ist Ostsee-Dänemark dein Ziel, hast du die Wahl zwischen zwei Fährtrips. Die westliche Variante führt dich über die Insel Fehmarn. Diese sogenannte Vogelfluglinie von Puttgarden nach Rødby auf Lolland bietet die kürzere Fährfahrt. Etwas weiter östlich in Gedser auf Falster betrittst du dänischen Boden, wenn du dich für eine Fährüberfahrt ab Rostock entscheidest.

STRECKENCHECK

1	**Hamburg** **Flensburg** **Jütland**	**Entfernung** Grenze A 7 159 km; Grenze Rudbøl 202 km **Reine Fahrzeit** knapp 2 bzw. 2 Std. 30 Min.	**Kosten** keine
2	**Hamburg** **Rødby** **Insel Lolland**	**Entfernung** 151 km **Reine Fahrzeit** 1 Std. 40 Min. (plus 45 Min. Fährfahrt bis Rødby Havn)	**Kosten** Fähre: ab 75 € für Womo bis 6 m inkl. aller Insassen Ab 86 € für Womo bis 8 m inkl. aller Insassen
3	**Hamburg/** **Berlin** **Rostock** **Gedser** **Insel Falster**	**Entfernung** 195 km **Reine Fahrzeit** 2 Std. 20 Min. (plus 120 Min. Fährfahrt bis Gedser Havn)	**Kosten** Fähre: ab 79 € für Womo bis 6 m inkl. aller Insassen Ab 119 € für Womo bis 8 m inkl. aller Insassen

GÖTEBORG
Borås
JÖNKÖPING
Nordsøen
Sverige
AALBORG
HALMSTAD
Viborg
B
Holstebro
E
HELSINGBORG
Kristianstad
Herning
Silkeborg
Landskrona
Hillerød
Danmark
F
A
KØBENHAVN
MALMÖ
Fredericia
Slagelse
C
Næstved
Østersøen
D
Neukirchen
Flensburg
Rødby
Gedser
1
KIEL
Stralsund
ROSTOCK
Greifswald
Neumünster
2
Wismar
3
Itzehoe
Cuxhaven
Norderstedt
Stade
Wilhelmshaven
Neubrandenburg
HAMBURG
3
Lüneburg
BREMEN
Deutschland
Neuruppin
Achim
Cloppenburg
Walsrode
Oranienburg
Vechta
Stendal
BERLIN
Celle
Falkensee
Gifhorn
HANNOVER
60 km
Peine
POTSDAM

1 HAMBURG FLENSBURG JÜTLAND

Die ideale Anreise nach Jütland – dem Festlandteil Dänemarks – beginnst du in Hamburg auf der A 7. Nach nicht mal zwei Stunden passierst du die Grenze und fährst weiter über die Autobahn, die jetzt Sønderjyske Motorvej/E 45 heißt. Wenn du (wie in Tour A) das weiter westlich noch auf deutschem Boden liegende **Nolde Museum** (▶ S. 26) mitnehmen möchtest, verlässt du die A 7 an Ausfahrt 2 in Richtung B 199 nach Handewitt. Kurz darauf wählst du rechter Hand die Ellunder Straße, nochmal kurze Zeit später die Flensburger Straße nach links. Die Grenzstraße/L 192 folgt dem nahen Grenzverlauf nach Westen. An einer T-Kreuzung nimmst du links die Straße Stichelmelde, um kurz darauf der Ausschilderung zum Nolde Museum zu folgen. Von hier ist es über Nordosterdeich und Rosenkranzer Straße ein Katzensprung zum deutschen und danach dem dänischen Grenzkrug am Rutebüller See oder, auf dänischer Seite Rudbøll Sø genannt.

2 HAMBURG RØDBY INSEL LOLLAND

Auch hier nimmst du in Hamburg die Fährte auf. Über die Sievekingsallee hältst du dich in östlicher Fahrtrichtung und nimmst ab dem Horner Kreisel die A 24 in Richtung Berlin. Am Kreuz Hamburg-Ost verlässt du Hamburg über die A 1, die später in Heiligenhafen zur B 207/E 47 wird. Kurz darauf überquerst du die Fehmarnsundbrücke. Am Fährbahnhof Puttgarden angekommen, nimmst du die vorab gebuchte Fähre nach Rødbyhavn. Die Fährüberfahrt dauert 45 Minuten und gibt dir die Möglichkeit, dich im Buffetrestaurant etwas zu stärken; du kannst sowohl in Euro als auch in Kronen bezahlen. Für knapp 30 Minuten ist auch der Travelshop geöffnet. Du kannst Waren für den Eigenbedarf erstehen, ohne Abgaben zahlen zu müssen. Dies gilt auch für Tabak, Spirituosen, Bier und Wein. Besonders schön ist es jedoch, die Überfahrt einfach auf dem Sonnendeck zu genießen. Über den geplanten 18-km-Tunnel kannst du dich hüben wie drüben erkundigen. Wenn du dir nach deiner Ankunft in Rødby das dortige Femern Udstillingscenter anschaust, bekommst du einen ersten Eindruck von dänischer Museums- und Ausstellungsdidaktik. Von einer Aussichtsplattform am Ende des Gamle Badevej in Rødbyhavn kannst du den Fortgang der Arbeiten für den Einstieg in den dann längsten Tauchtunnel der Welt durch dort vorhandene Ferngläser beobachten. Von Rødby sind es 164 km/1 Std. 40 Min. bis Kopenhagen und 100 km/1 Std. 15 Min. bis nach Møns Klint, dem Ende von Tour D.

i Femern A/S Udstillingscenter Rødbyhavn | Mo–Fr 9–17, Sa, So 11–16 Uhr Havnegade 2 | Rødby | femern.com | Fährtickets: booking.scandlines.com

3 HAMBURG/BERLIN ROSTOCK GEDSER INSEL FALSTER

Wer auf die Insel Falster übersetzen möchte, begibt sich von Hamburg über Lübeck und Wismar nach Rostock. Ab Hamburg ist die Anreise ähnlich kurz wie die zur Fähre nach Puttgarden. Anfangs folgst du der Sievekingsallee und nimmst dann die A 24. Am Kreuz Hamburg-Ost geht's auf die A 1, am Autobahnkreuz Lübeck auf die A 20 Richtung Rostock. Schließlich fädelst du dich am Autobahnkreuz Rostock auf die A 19 nach Rostock ein und verlässt die Autobahn zum Rostock-Überseehafen.

Für weiter östlich in Deutschland aufbrechende Reisende mag Berlin der beste Startpunkt sein. Die Anfahrt zum Fährhafen in Rostock dauert eine knappe halbe Stunde länger als die von Hamburg. Dafür folgst du in Berlin der A 111, die am Stadtrand zur A 10, dann zur A 24 und schließlich zur A 19 wird. Kurz vor dem Ziel fährst du von der A 19 Richtung Rostock-Überseehafen ab und folgst der Ausschilderung für das Terminal von Scandlines. Die Überfahrt nach Gedser Havn dauert zwei Stunden. Von dort sind es 155 km nach Kopenhagen und 91 km bis nach Møns Klint.

i *Fährtickets: booking.scandlines.com*

Insider-Tipp
Schlau buchen *Über die Scandlines-Webseite kannst du Kombitickets für die Fähren von Puttgarden bzw. Rostock mit der Maut für die Øresundbrücke verbinden.*

NICHT DRÄNGELN

Wer will auf Fünen schon schneller fahren?

Adventure Kids

Experten-Check von Paul Camper

Coole Spiele für lange Fahrten

Ich packe meinen Koffer

Der Erste startet mit dem Satz „Ich packe meinen Koffer und nehme mit …" und nennt einen Gegenstand. Reihum fügt ihr nun immer eine weitere Sache hinzu, müsst aber immer alle anderen bisher genannten Dinge davor aufzählen. Wer sich irrt, scheidet aus. Wie viele Dinge schafft ihr, in euren Koffer zu packen?

Wort an Wort

Ein Mitspieler beginnt, indem er ein Wort nennt. Legt euch dabei auf eine Kategorie fest: Tiere, Berufe oder Orte. Wenn ihr euch auf Tiere einigt, könnt ihr zum Beispiel mit „Elefant" anfangen. Der nächste Spieler muss dann ein Tier mit dem letzten Buchstaben dieses Worts nennen, hier mit t, zum Beispiel „Tiger". Ihr könnt es noch ein bisschen schwieriger machen, indem ihr zusammengesetzte Wörter nutzt. Zum Beispiel „Bauherr" – „Herrenhaus" – „Haustür" und so weiter. Wem nichts mehr einfällt, scheidet aus.

Dänische Geschichten erfinden

Erfindet gemeinsam eine Abenteuergeschichte (oder auch ganz viele)! Einer von euch denkt sich den Beginn der Geschichte aus. Der Nächste knüpft dann dort an, wo der Erste aufhört, und erzählt weiter. Solange, bis ihr zu Ende erzählt habt. So geht es los: Es war einmal ein Seefahrer, der hatte einen schwarzen Bart und ein Holzbein …

Entdeckungsreise Dänemark

Welchen Tieren bist du im Urlaub bereits begegnet?

- ○ Seehund
- ○ Reh
- ○ Möwe
- ○ Fuchs
- ○ Schaf
- ○ Hase

Das Dänemark-Quiz

1. In Dänemark siehst du jede Menge Fjorde und Meer. Wie heißen die zwei Meere, die Dänemark umgeben?

____

Ostsee & Nordsee

2. Dänemark und Schweden verbindet eine 16 Kilometer lange Brücke. Wie heißt sie? A) Tower Bridge, B) Øresundbrücke, C) Karlsbrücke

____

Øresundbrücke

3. Von wem stammt das berühmte dänische Märchen „Die kleine Meerjungfrau"? A) Astrid Lindgren, B) Hans Christian Andersen, C) Die Gebrüder Grimm

____

B

4. In Dänemark wurde ein ganz besonderes Spielzeug erfunden. Es ist bunt und lässt sich aufeinander bauen.

____

LEGO

In Dänemark gibt es viele verschiedene Vogelarten. Welche hast du bereits entdeckt? Male deine eigene kleine Vogelsammlung oder klebe gesammelte Vogelfedern hier hinein.

Gut zu wissen

Baden

Die Lage Dänemarks zwischen Nord- und Ostsee (maximale Küstenentfernung gut 50 km) ermöglicht Besuchern überall fast tägliches Baden. In Jütland sind die Strände nördlich des Wattenmeers ab Blåvand oft sandig und deutlich breiter als am meist steinigen, schmalen Ostseesaum. Im Westen des Landes erwarten dich bis zu 4 m hohe Wellen, im Osten dagegen musst du oft zwei, drei Minuten bis zur Schwimmtiefe waten oder über einfache Seebrücken bzw. Stege ein Stück aufs Meer hinauslaufen. Neopren an den Füßen und am ganzen Körper ist eine sinnvolle Ergänzung im Reisegepäck – die Ostseetemperatur schwankt übers Jahr zwischen 0 und 20 °C. In Kopenhagen gibt es Hafenschwimmbäder. **Infos:** *visitdenmark.de/daenemark/regionen/kopenhagen/badestellen-kopenhagen*

NOTFALLNUMMERN

Gebührenfreie Notfallnummer (Rettungsdienst/Feuerwehr/Polizei): 112
Sperrnummern bei EC-/Kreditkarten- oder Handyverlust: +49 116 116, Kreditkartennummer, IBAN/BIC bzw. Handynummer bereithalten

Insider-Tipp

Gänsehaut garantiert!

Winterbaden ist speziell in Städten am Wasser der letzte Schrei. Mische dich von November bis März unter furchtlose Dänen – öfter mit Sauna.

Camping- & Stellplätze

Wenn für dich längere Aufenthalte auf teureren Campingplätzen (40–60 € pro Womo) uninteressant sind, bieten manchmal sogar kostenlose kommunale Stellplätze eine praktische und oft zentrale Alternative. In Sportboothäfen bieten viele Bootsclubs preiswerte Alternative. Überdies stellen etliche Campingplätze eine simple Fläche für eine deutlich billigere Übernachtung zur Verfügung. Dort parkst du zwischen ca. 20 und 11 Uhr und zahlst mit Karte an einem Automaten. **Infos:** *dk-camp.dk/de/dk-camp-kataloge/dk-stellplatze-autocamper-guiden*

Diplomatische Vertretungen

Deutsche Botschaft: Göteborg Pl. 1 | 2150 Kopenhagen Nordhavn | Tel. +45 35 45 99 00, Bereitschaftsdienst (auch SMS) Tel. +45 35 45 99 00 | *kopenhagen.diplo.de/dk-de*

Schweizerische Botschaft: Store Kongensgade 128 | 1264 Kopenhagen K | Tel. +45 33 14 17 96 | *eda.admin.ch*

Österreichische Botschaft: Solundsvej 1 | Konsulat: Svanemollevej 7 | 2100 Kopenhagen | Tel. +45 39 29 41 41 | *bmeia.gv.at/oeb-kopenhagen*

Einreisebestimmungen & Zoll

Zur Einreise brauchst du einen Personalausweis, Reisepass oder Kinderreisepass. Für die Ein- und Ausfuhr von Genussmitteln gelten pro Person u. a. folgende Richtwerte: 10 Liter hochprozentiger Alkohol, 110 Liter Bier, 90 Liter Wein, 800 Zigaretten. Einreise- Zollbestimmungen können sich kurzfristig ändern. Daher vorab zusätzlich bei den konsularischen Vertretungen des Ziellandes oder beim Auswärtigen Amt erkundigen. Der Zoll informiert über die aktuell geltenden Zollbestimmungen bei Wiedereinreise (*zoll.de/bmf.gv.at/bazg.admin.ch*).

Fahrradmitnahme

Wenn du einen Fahrradträger am Heck installierst, musst du das bei der Berechnung der Fahrzeuglänge einkalkulieren. Über das ausgedehnte Radwegenetz Dänemarks findest du hier alle Infos: *visitdenmark.de/daenemark/erlebnisse/radfahren/11-nationale-fahrradrouten*

Fähren, Brücken & Maut

Für die Nutzung der Brücken über Øresund und Storebælt fallen Gebühren an. Kosten starten bei 122 € bzw. 85 € (Womo 6–10 m, bis 5,99 m etwa die Hälfte). Zwischen den Inseln gibt es viele Fährfahrten. Meist ist keine Buchung nötig. Wenn dein Womo unter 6 m lang ist (inklusive Fahrradträger), sparst du oft bis zur Hälfte der Kosten, weil du dann PKW-Preise bezahlst.

WAS KOSTET WIE VIEL?

Tasse Kaffee im Café ab 5 €

Fastfood-Gericht ab 8 €

Pizza ab 15 €

Süßes Teilchen beim Bäcker ab 3 €

Hotdog (Ristet pølse): ab 6 €

Halber Liter Bier ab 9 €

Eintritt Museen ab 15 €

E-Bike für 1 Tag ab 38 €

Gas, Strom & Wasser

Auf vielen Campingplätzen ist ein Tausch deiner Gasflasche gegen eine dänische möglich. Diese ist keine Pfandflasche. Mit einer Kupplung kannst du dänische Gasflaschen anschließen. Auf Campingplätzen findest du oft Mehrfachsteckdosen – ein langes Kabel hilft. Entsorgung ist auf Campingplätzen möglich, aber auch an den preiswerteren Autocamper-Stellplätze in Sportboothäfen.

Geld & Kreditkarten

Oft kommst du in in Dänemark in Situationen, in denen du gar kein Bargeld verwenden kannst. Nur an Ständen mit Gemüse und Obst am Straßenrand kannst du Bargeld in die Vertrauenskiste werfen.

Gesundheit

Wenn du krank wirst, kannst du dich von einem dänischen Arzt behandeln lassen. In der Nähe der Ferienorte gibt es allgemeine Arztpraxen *(praktiserende læge)*. Als Tourist solltest du die Europäische Krankenversicherungskarte (EHIC) zur kostenlosen Behandlung vorlegen. Wer sie zuhause vergessen hat, muss sofort eine Provisorische Ersatzbescheinigung (PEB) bei seiner Krankenkasse anfordern. Diese kann per E-Mail verschickt werden. Die PEB legst du dann beim behandelnden Arzt oder im Krankenhaus vor.

Hunde

Dänemark ist sehr hundefreundlich. Auf Campingplätzen müssen die Vierbeiner angeleint sein. Ebenso gilt von April bis Ende September an Stränden Leinenpflicht. An mit einer blauen Flagge gekennzeichneten Stränden („blå flag") sind Hunde nicht erlaubt. Für dein Tier musst du einen EU-Heimtierausweis dabei haben, aus dem deutlich wird, dass dein Hund eine Impfung, bzw. Nachimpfung gegen Tollwut hat. Wichtig ist, dass die Impfung nicht älter als die Tätowierung oder das Einsetzen des Chips ist. Eine neue Tollwutimpfung muss mindestens drei Wochen vor der Einreise nach Dänemark erfolgt sein muss. **Infos:** *tyskland.um.dk/de/reise-und-aufenthalt/reisen-mit-tieren/reisen-mit-hunden*

Mehrwertsteuer & Zoll

Die Mehrwertsteuer beträgt 25 Prozent. EU-Bürger bekommen sie nicht erstattet. Wohnst du außerhalb der EU, kannst du die Mehrwertsteuer auf aus dem Urlaub mitgebrachte Waren ab dem Mindestwert von 300 DKK erstatten lassen. Das Geschäft muss einer der beiden Tax-Free-Organisationen Tax Free Worldwide oder Global Blue Denmark angeschlossen sein. Auf den Fähren nach Dänemark kaufst du zollfrei ein (scandlines).

Öffnungszeiten

Geschäfte haben Mo–Fr von 9/10 bis 17.30/18 Uhr geöffnet, Fr bis 19/20, Sa bis 13/14, in größeren Städten oft auch bis 17 Uhr. Auch sonntags kannst du in größeren Geschäften, Supermärkten und Kaufhäusern einkaufen, nur an Feiertagen, am Grundgesetztag (5.6.) und am 24.12. sowie am 31.12. ab 15 Uhr haben sie geschlossen. Postämter, Banken und Sparkassen sind Mo–Fr von 10 bis 16, Do bis 17.30 Uhr geöffnet.

Parken, Abstellen & Freistehen

Überall findest du Parkplätze oder -streifen, die für ein oder mehrere Stunden kostenloses Stehen erlauben. Du brauchst dafür eine Parkscheibe (gibt's auch in Tankstellen zu kaufen)! Zeitlich überzogenes und falsches Parken – auch über die Markierung hinaus! – wird sehr empfindlich geahndet. An Sportboothäfen (Lystbådehavn) sind oft Autocamperplätze (20–25 €/Nacht) markiert, für die du beim Hafenbüro einen Bezahlautomaten findest. Auch wenn in Dänemark an vielen Orten Freistehen verboten ist, findest du dennoch kleine Parkecken ohne Campingverbot. In Nationalparks darfst du nicht im Womo übernachten. Unerlaiubtes nächtliches Parken kann sehr teuer werden!

Pintrip

Die kostenpflichtige Jahresmitgliedschaft (jederzeit digital erhältlich) in dem privaten Netzwerk bieten über 300 ländliche Betriebe, Restaurants, Bauernhöfe, Weingüter oder Familienunternehmen Stellplätze an, auf denen du nach Anmeldung 24 Stunden übernachten kannst. *(Kosten 52,90 € | pintrip.eu).*

Tempolimits & Verkehrsregeln

Innerorts gelten für alle Kfz 50 km/h, außerorts liegt das Tempolimit zwischen 60 und (selten) 130 km/h. Bist du 20 km/h zu flott, kostet das ab 135 € Strafe. Temposchwellen bei Fahrten durch kleinste Ort sind oft steil – sei also vorbereitet. Beim Parken vor Einmündungen und Kreuzungen 10 m Platz lassen, sonst droht eine Geldsrafe. Die Verkehrsregeln sind im Allgemeinen die gleichen wie in Deutschland. Du musst jedoch auch tagsüber mit eingeschaltetem Licht fahren.

REISEZEIT, WETTER & STRASSENVERHÄLTNISSE

Von Mai bis September/Oktober bist du in Dänemark komfortabel ohne Nutzung der Standheizung unterwegs. Während der Sommerferien von Ende Juni bis Anfang August sind auch viele Dänen im Land unterwegs. In warmen Sommern klettern die Temperaturen bis auf 30 °C. Wetteraussichten *(Vejr)* entnimmst du der Wetter-App DMI. Die Straßen sind fast alle in sehr gutem Zustand.

Feste & Events

SOMMERSONNENWENDE

Der Sankt Hans Aften (Johannesabend) wird vor allem auf Jütland mit Feuer und Liedern gefeiert.

Juni

Distortion: Krachendes fünftägiges genreübergreifendes Festival für Fans von Pop, Hip-Hop und elektronischer Musik in Kopenhagen, das auch spät abends in Club- und Underground-Locations weitergeht. Partytime! *cphdistortion.dk*

Sankthansaften: Das Mittsommerfest wird am Abend des 23. Juni im ganzen Land um große Feuer mit Gesang und Inbrunst begangen.

Roskilde Festival: Ende Juni/Anfang Juli findet seit 1971 eins der größten Open-Air-Musikfestivals Europas bei Roskilde statt. Gespickt mit internationalen Rockstars, aber auch dänischen Bands. *roskilde-festival.dk*

Juli

Copenhagen Jazz Festival: Mit über 1000 Konzerten an über 100 Spielstätten findet ab Anfang Juli eins der größten, sicher aber das lebhafteste Jazzfestival Europas in Kopenhagen statt. Absolute Topstars aus aller Welt spielen in Konzertsälen, noch spannender aber sind die zahllosen Gratisvorstellungen der immer jungen skandinavischen Jazzszene auf Bühnen in der ganzen Stadt. **Vinterjazz** heißt das Jazzfestival, das im Februar gefeiert wird. *jazz.dk*

Copenhell: Ende Juni wird die Werftindustriebrache Refshaleøen in Kopenhagen für drei Tage zum Nabel der Heavy-Metal-Fans mit über 25 000 Feiernden. *copenhell.dk*

August

Aarhusfestuge: Die kulturelle Festwoche in Aarhus ab Ende August gilt als größtes Event seiner Art in Skandinavien. Oper, Jazz, Schauspiel, Kinderfest, etliches Outdoor. Gibt's schon seit 1965. *aarhusfestuge.dk*

H. C. Andersen Festivals: Das zehntägige größte dänische Kulturfestival in Odense beinhaltet gleich mehrere Feste in einem: Odense Blumenfestival, Internationales Filmfestival, Comedy Festival und Spoken Words Festival. 500 meist kostenlose Veranstaltungen. *hcafestivals.com*

September

Heringsmarkt: Am ersten Wochenende im Monat gibt's in Stege auf Møn ein großes maritimes Fest mit tollen Schiffen, geräuchertem Schwarzhering und anderen Meerestieren.

Drachenfestival auf Rømø: Am ersten September-Wochenende kommen bis zu 50 000 Besucher täglich zum internationalen Drachenfestival auf Rømø.

Insider-Tipp

Beflügelte Kids

Nicht nur fürs große Drachenfest auf Romøs Nachbarinsel Fanø Mitte Juni können Kids (4–14 J.; 150 DKK | Sønderklit 4 | Fanø) eigene Drachen bauen.

Cold Hawaii Windsurf Cup: Mitte September macht der Weltcup der Professional Windsurfers Association in Klitmøller, dem Hauptort von Cold Hawaii, im Nationalpark Thy für eine Woche Station und ermittelt Sieger im Jugendbereich. *pwaworldtour.com*

November

Julebrygsdag: Fällt auf den ersten Freitag im November und beginnt um 20.59 Uhr. Mit dem „Weihnachtsbiertag" wird seit 1990 die festliche Zeit in den Pubs des ganzen Landes eingeläutet – in Kopenhagen fährt die initiierende Brauerei Tuborg die speziellen Fässer mit Pferdewagen aus.

Dezember

Julemarked i Den Grå Hal: Der exotische und handwerklichste Weihnachtsmarkt in Kopenhagen findet zwei Wochen lang in der großen Halle von Christiania statt. *dengraahal.dk*

FEIERTAGE

1. Jan. Neujahr (Nytår)

April Ostern ab Gründonnerstag

April/Mai Großer Bettag 4. Freitag nach Ostersonntag

1. Mai Tag der Arbeit (nicht gesetzl.)

5. Juni Tag der dänischen Verfassung (nicht gesetzl.)

25./26. Dez. Weihnachten (Jul)

Camper-Packliste

Experten-Check von PaulCamper

CAMPINGAUSRÜSTUNG

- ○ Gasflasche (und ev. Gasinhaltsmesser)
- ○ Frischwasserkanister
- ○ Abwasserschlauch
- ○ Kabeltrommel
- ○ Campingstromadapter
- ○ Auffahrkeile oder Holzbretter als Stütze
- ○ Sanitärflüssigkeit für Campingtoilette (falls vorhanden)
- ○ Toilettenpapier
- ○ Campingstühle und -tisch
- ○ Markise und Vorzelt
- ○ Heringe und Gummihammer
- ○ Handfeger und Schaufel
- ○ Decke und Kopfkissen, alternativ Schlafsack
- ○ Wäscheleine und -klammern
- ○ Campingleuchte oder Laterne
- ○ Taschenlampe oder Stirnlampe
- ○ Taschenmesser
- ○ Duct-Tape
- ○ Handwaschmittel
- ○ Mückenspray, Sonnencreme
- ○ Nagelset (inkl. Pinzette)

Zusätzlich

- ○ MARCO POLO Straßenkarte(n)
- ○ Grill (Koffergrill oder Gasgrill)
- ○ Hängematte
- ○ Decke
- ○ Kartenspiele
- ○ Mehrfachsteckdose
- ○ USB-Adapter für Zigarettenanzünder
- ○ Powerbank

SICHERHEITSAUSRÜSTUNG

- ○ Reiseapotheke
- ○ Verbandskasten (Ablaufdatum beachten)
- ○ Warndreieck und -weste (1 pro Person)
- ○ Feuerlöscher
- ○ Ersatzreifen
- ○ Wagenheber und Radkreuz
- ○ Ersatzkanister und Einfüllstutzen
- ○ Motoröl
- ○ Starthilfekabel
- ○ Abschleppseil
- ○ Werkzeugkasten
- ○ evtl. Ersatzglühbirnen und -sicherungen

CAMPINGKÜCHE

- ○ Küchenutensilien
- ○ Kühlbox (wenn kein Kühlschrank eingebaut)
- ○ Töpfe, Pfannen
- ○ Besteck inkl. Kochlöffel, Teller, Tassen, Gläser
- ○ (Brot-, Schneide-) Messer
- ○ Tupperdosen (für Reste)
- ○ Sieb
- ○ Reibe
- ○ Dosenöffner
- ○ Flaschenöffner, Weinöffner
- ○ Alufolie
- ○ Schere
- ○ Geschirrtücher, Spülmittel, Lappen, Küchenrolle
- ○ Topflappen
- ○ Müllbeutel
- ○ Kaffeekocher
- ○ Feuerzeug, Streichhölzer

NAHRUNGSVORRAT

- ○ Salz & Pfeffer, Gewürze (z. B. in kleinen Gläsern)
- ○ Öl, Essig
- ○ Kaffee, Tee
- ○ Müsli, Cornflakes
- ○ Brot, Aufstriche
- ○ Vorratslebensmittel (Nudeln, Reis, Linsen)
- ○ Gemüsekonserven: Tomaten, Mais, Kidneybohnen
- ○ Notration Essen (z. B. Dosenravioli)
- ○ Getränke

Fahrzeug-checkliste

Experten-Check von PaulCamper

LÄNGERFRISTIG

- ○ Gasprüfung gültig?
- ○ Grüne Versicherungskarte gültig?
- ○ HU/AU (Haupt- und Abgasuntersuchtung) gültig?
- ○ Auflaufbremse geprüft (Fachwerkstatt)?

MITTEL- & KURZFRISTIG

- ○ Was tanken (Benzin/Diesel)?
- ○ Beladungsgrenze/-zustand?
- ○ Welche Reifen für die Destination nötig?
- ○ Winter- bzw. Sommerreifen montiert?
- ○ 12-V-Kabel vorhanden?
- ○ Profiltiefe der Reifen gecheckt?
- ○ Ölstand gecheckt?
- ○ Kühlmittelstand gecheckt?
- ○ Reifendruck gecheckt?
- ○ Öl, Kühlwasser und AUS 32/AdBlue bei Dieselmotor zum Nachfüllen vorhanden?
- ○ Ladezustand Starterbatterie und Wohnraumbatterie gecheckt?
- ○ Toilette an Bord und entleert?
- ○ Wassertank vorhanden und gefüllt?
- ○ Wasserpumpe funktioniert?
- ○ Gasvorrat vorhanden?
- ○ Markise/Sonnensegel/Regenalternative vorhanden?
- ○ Vorzelt nötig?
- ○ Wohnwagen: Elektrostecker funktionieren (Bremslichter und Co)?

VOR DER ABFAHRT

- ○ Dachluke geschlossen?
- ○ Fenster zu?
- ○ (Stand-)Heizung aus?
- ○ Markise eingefahren und gesichert?
- ○ Kühlschrank verriegelt und auf 12 V umgestellt?
- ○ Alles vom Tisch geräumt und gesichert?
- ○ Schubladen/Schränke sicher geschlossen?
- ○ Tische und Stühle sicher verstaut?
- ○ Herdabdeckung zu?
- ○ Gasventil geschlossen?
- ○ 230-V-Kabel getrennt und eingepackt?
- ○ Wasserpumpe abgeschaltet?
- ○ Abwassertank geschlossen?
- ○ Trittstufe eingefahren?
- ○ Stützen eingefahren und Keile verstaut?
- ○ Wassertankdeckel verschlossen?
- ○ Handbremse gelöst?
- ○ Heckgarage abgeschlossen?
- ○ Alle Mitfahrer inklusive Hund an Bord?

Dann kann's losgehen!

Camper-Wörterbuch Dänisch

Höflich sein

hallo | tschüss hej | farvel
danke | bitte tak | vær så venlig
ja | nein | vielleicht ja | nej | måske
Entschuldigung! Undskyld!
Wie heißt du | Wie heißen Sie? Hvad hedder du?
Mein Name ist ... Jeg hedder ...
Wie geht es dir | Ihnen? Hvordan går det?

Beim Einkaufen

Bäckerei bageri
Drogerie apotek
Einkaufszentrum indkøbscenter
Markt marked
Metzgerei slagter
Supermarkt supermarked
Ich hätte gerne ... Jeg vil gerne have ...
Wie viel kostet das? Hvor meget koster det?
Ich bin Vegetarier(in) | Veganer(in) | allergisch gegen ... Jeg er vegetar | veganer | allergisk overfor ...

Einkaufsliste

Alufolie sølvpapir
Bier | Wein øl | vin
Brot | Brötchen brød | boller
Butter | Margarine smør | margarine
Essig | Öl eddike | olie
Eier æg
Fisch fisk
Gemüse grøntsager
Käse ost
Kaffee | Kakao | Tee kaffe | kakao | te
Marmelade | Honig marmelade | honning
Milch | Sahne mælk | fløde
Müsli mysli
Nudeln | Spaghetti nudler | spaghetti
Obst frugt
Salz | Pfeffer | Zucker salt | peber | sukker
Toilettenpapier toiletpapir
Wasser vand
Wurst | Fleisch pølse | kød

Gesund bleiben

Apotheke | Arzt apotek | læge
Desinfizieren desinficere
Desinfektionsmittel desinfektionsmiddel
Durchfall diarré
Fieber feber
Halsschmerzen ondt i halsen
Kopfschmerzen hovedpine
Krankenhaus sygehus
Krankenwagen ambulance
Krankenversicherung sygeforsikring
Pflaster plaster
Schmerztabletten smertestillende piller

Unterwegs

Abschleppen bugsering
Autobatterie bilbatteri
Autobahn motorvej

Baustelle byggeplads
Benzin (bleifrei) benzin (blyfri)
Bremslicht bremselys
Diesel diesel
Ersatzreifen reservehjul
Führerschein kørekort
Getriebe gearkasse
Luftdruck lufttryk
Maut motorvejsafgift
Öl | Ölwechsel olie | olieskift
Panne punktering
Parkplatz parkeringsplads
Reifen dæk
Reifenschaden dækskader
Sackgasse blindgyde
Schotterstraße grusvej
Starthilfekabel startkabel
Strafzettel bøde
Tankanzeige benzinmåler
Tankstelle benzintank
Temperaturanzeige temperaturvisning
Umleitung omvej
Wagenheber donkraft
Warndreieck advarselstrekant
Wassertank vandtank
Werkstatt værksted
Werkzeug værktøj
Zoll told

Auf dem Campingplatz

Abfall | Müll affald | skrald
Abwasser spildevand
Ankunft | Abreise ankomst | afrejse
Batterie batteri
Brennspiritus optændingsvæske
Campingplatz campingplads
Dosenöffner dåseåbner
Dusche brusebad
Elektroanschluss eltilslutning
Flaschenöffner oplukker
Frischwasser ferskvand
Gabel gaffel
Gasflasche gasflaske
Gaskocher gaskogeblus
Geschirrspülbecken køkkenvask
grillen | Grillkohle grille | grillkul
Hammer hammer
Hering sild
Hunde erlaubt | nicht erlaubt hunde tilladt | ikke tilladt
Internet | WLAN Internet | WLAN
Kerze stearinlys
Korkenzieher proptrækker
Lagerfeuer bål
leihen leje
Löffel ske
Messer kniv
Petroleumlampe petroleumslampe
Pool swimmingpool
Rechnung regning
Rezeption reception
Schlafsack sovepose
Schmutzwasser spildevand
Sonnencreme solcreme
Steckdose stikkontakt
Streichhölzer tændstikker
Strom strøm
Stromanschluss strømtilslutning
Taschenlampe lommelygte
Taschenmesser lommekniv
Toilette toilet
Trinkwasser drikkevand
Vorzelt fortelt
Wäscheklammer tøjklemmer
Wasser (kalt | warm | heiß) vand (koldt|lunt|varmt)
Wasseranschluss vandtilslutning
Wohnmobil autocamper
Wohnwagen campingvogn
Zelt telt
Zeltstange teltstang

Urlaubsfeeling

Playlist

▶ **Lukas Graham – Take the world by storm**
Die vier Musiker aus Kopenhagen kombinieren Soul, Funk, Hip-Hop und Pop zu einer gelungenen Mischung.

▶ **Molo, MellemFingaMuzik – Skejsen**
Zwei Bands aus der nahöstlichen Szene rappen gemeinsam auf Dänisch.

▶ **Iceage – Shelter Song**
Bittersüßer Post-Punk, der fast wie Britpop klingt.

▶ **Kira Skov – In the beginning**
Sinnliche Interpretin von Billie-Holiday-Songs und eigenen jazzigen Balladen.

▶ **Wafande – Se mig i dag**
Wafande Pierre Jolivel Zahor hat französisch-afrikanische Wurzeln und ist in Christiania aufgewachsen. Toller Mix aus Reggae, Soul, Rap und Urban Pop.

Den Soundtrack zum Urlaub gibt's auf **Spotify** unter **MARCO POLO Denmark**

Code mit Spotify-App scannen

Lesestoff & Filmfutter

Kind, Jugend, Abhängigkeit – Autofiktionale Prosa ist seit dem Welterfolg des Norwegers Knausgård weltweit angesagt. Die Dänin Tove Ditlevsen (1917–1976) erzählte in ihrer Kopenhagen-Trilogie schon in den 1960er-Jahren von einer schreibenden Frau aus dem Arbeitermilieu (auf Deutsch 2021).

Shorta – Der rasant gedrehte Independent-Polizeifilm über zwei Cops im Ghetto thematisiert Polizeigewalt aus rassistischen Motiven intensivst. Mit Jacob Lohmann. Preisgekrönt (2020)

Erbarmen – Erste von bislang fünf Verfilmungen der international erfolgreichen Carl-Mørck-Reihe des dänischen Krimiautors Jussi Adler-Olsen (2013). Darin ermitteln der spröde Kommissar Mørck und sein Assistent Assad auf düster-spannende Weise.

Borgen – In der Serie (vier Staffeln) über die Ministerpräsidentin Brigitte Nyborg (gespielt von Side Babett Knudsen) werden fiktionale, aber nahe an realpolitischen Themen orientierte, höchst spannende Ränke im politisch-gesellschaftlichen Alltag dramatisiert (2010–2022).

Apps, Blogs, Webseiten & Videos

visitdenmark.de
Die offizielle Tourismus-Seite leuchtet anschaulich jeden Winkel des Landes aus und gibt viele Anregungen zur Urlaubsgestaltung. Auch als kostenlose App verfügbar.

gezeitenfisch.com/dn
Temperaturen von Luft und Wasser, Wetteraussichten, Wind, Gezeiten, Wellenhöhe, Angelperspektive für Dänemark.

Park4night.com
Aktuell gehaltene Stellplatz-App von Campern für Camper, mit der man schöne Stellplätze auch ganz spät noch punktgenau finden kann. Kostenlos im Online-Modus. Für die Offline-Version muss du 9,99 € bezahlen.

nordlandblog.de/camping-danemark-wohnmobil
Der Blog eines Paares, das in Nordeuropa sehr kundig ist, besticht durch Informationen über jeden Reiseaspekt, ob Routen, Wanderungen, Stell- und Campingplätze mit GPS-Codes. Mit Herzblut erzählt und toll fotografiert.

Mols Bjerge
Die App bietet viele Wanderwege, Campingtipps und einiges mehr zum Nationalparkgebiet und der Umgebung.

Vestkysten
Die App umfasst alles Wissenswerte über die gesamte Nordseeküste, einschließlich vieler Infos über den Nationalpark Wattenmeer.

WEGTRÄUMEN?

Mit Playlist, Lesestoff und Filmen den Urlaub aufleben lassen.

Register

Æbeløhavn, Insel 81
Æbelø, Insel 81
Ærø, Insel 110
Ærøskøbing 111
Aarhus 68
Aarhusfestuge 189
Aastrup 109
Agernæs Havn 84
Agri-Bavnehøj-Wanderung 56
Albuen Strand 119
Andersen, Hans Christian 90
Aqua Vitæ Sydfyn 115
Arken Museum for Moderne Kunst 130
ARoS, Aarhus 69
Avernakø, Insel 95
Badehusen, Ærø 111
Bakken 162
Bangsbo Botaniske Have 53
Bellevue Strandbad 162
Bernsteinsafari 41
Bjerghuse Camping 33
Blåvand Naturcenter 30
Blåvandshuk Fyr 30
Bogø, Insel 109
Bork Vikingehavn 31
Bouldern 16
Bovbjerg Fyr 33
Brandts Kunstmuseum, Odense 91
Bunkermuseum 61
CLAY Keramikmuseum, Middelfart 87
Cold Hawaii Windsurf Cup 189
Copenhagen Jazz Festival 188
Copenhell, Festival 189
Crå Fyr 61
Dambo, Thomas 130
Dänische Südsee 99
Danmarks Fugle Zoo 83
Dansk Arkitektur Center, Kopenhagen 166
Dansk Skaldyrcenter, Nykøbing Mors 73
Den Blå Planet 158
Den Gamle By, Aarhus 69
Den Grønne Verden 108
Den lille Havfrue, Kopenhagen 166
Design-Tankstelle am Skovhoved Havn 163
Distortion, Festival 188
Dodekalitten 119
Dolmen Klokkesten 96
Dom, Roskilde 139
Drachenfestival Rømø 189
Dreslette Kirke 84
Dyrehavsbakken 162
Dyrehøj Vingård 151
Ebeltoft 64
Egeskov Slot 115
Eisboot-Museum 137
Elíasson, Ólafur 69, 165
Enebærodde Fyr 82
Esbjerg 29
Faaborg 94
Faaborg Museum 95
Falster, Insel 108, 179
Fejø, Insel 119
Femern Udstillingscenter, Rødby 178
Festungsanlage Hanstholm 34
Flemløse 84
Flyvesandet 81
Fossil- og Molermuseet, Mors 73
Frederiksborg Slot 132
Frederiksdal Kirsebærvin 119
Frederikshavn 52
Frederiksø, Svendborg 115
Fregatten Jylland 65
Freilichtmuseum De Gamle Huse, Maribo 108
Freilichtpark Sagnlandet Lejre 139
Fristaden Christiania, Kopenhagen 165
Fünen, Insel 77
Fünische Alpen 94
Fur, Insel 73
Galleri Langager 85
Gårdbutikker 15
Gasværk, Roskilde 139
Gedenkstein Esterhøj 135
Gendarmstien 102
GeoCenter Møns Klint 123
Geopark Odsherred 146
Gilleleje 142
Gilleleje Havn 143
Glasmuseet Ebeltoft 65
Glavendrup Stenen 83
Grab Elvira Madigan 104
Gråbrødretorv, Kopenhagen 165
Grenen 61
Grønjægers Høj 124
Große Beltbrücke 137
Gundestrup Mejeri & Bryghus 115
Gyldensteen Strand 80
Hafenschwimmbäder 182
Hafenschwimmbad, Kopenhagen 165
Halsskov-Halbinsel 137
Hanklit, Klippe 73
Harridslevgaard Slot 80
Havnebyen 147
H.C. Andersen Festivals 189
H.C. Andersens Hus, Odense 91
Helnæs Fyr 85
Helnæs Strand 85
Helsingborg 170
Helsingør 170
Hempel Glasmuseum, Nykøbing 147
Heringsmarkt Stege 189
Hesnæs Havn 108
HEX! Museum of Witch Hunt, Ribe 37
Himmelbjerget 69
Hindsgavl Dyrehave 87
Hindsholm, Halbinsel 91
Historiecenter Dybbøl Banke 102
Høbjerg Gartneri 56
Hofläden 15
Hollufgård Slotspark 91
Holmsland Klit 41
Holstebro 58
Hønsinge Lyng 135
Hornbæk Strand 143
Hulbjerg-Ganggrab 106
Hundested 134

Hvide Sande 40
Ingels, Bjarke 30, 171
Inselmeerpfad 95
Ishøj 130
Jacob A. Riis Museum, Ribe 37
Jacobsen, Arne 162, 163
Jellinge 87
Julebrygsdag 189
Julemarked i Den Grå Hal, Christiania 189
Jyllinge Marina 132
Kadziola, Thomas 120
Kalø Slotsruin 57
Karen Blixen Museum 162
Kastrup Lystbådehavn 158
Kastrup Sjøbad 158
Kattegat 54
Kattegatcentret Grenaa 55
Kitesurfen 17
Klampenborg Station 162
Klekkende Høj 124
Klitmøller 44
Koldkrigsmuseet Langelandsfort 105
Kopenhagen 164
Kragenæs 119
Kronborg Slot 171
Kulturhavn Kronborg 171
Læsø, Insel 52
Landet 104
Landskrona Citadell (Schweden) 161
Langeland, Insel 105
Langø Mølle Udkigstårn 80
Leuchtturmmuseum Nakkehoved, Gilleleje 143
Lillebælt 86
Lillebæltbrücke 87
Lille Tilde 130
Limfjord 72
Lolland, Insel 118, 178
Louisiana Museum of Modern Art 161
Lyngvig Fyr 41
Lyø, Insel 95
Malmö (Schweden) 159
Mandø, Insel 37
Mariager Fjord 54
Maribo 108
Marstal 111
Marstal Søfartsmuseum 111
Middelfart 86
Moesgaard Museum, Aarhus 69
Møgeltønder 26
Møn, Insel 122
Møns Klint 123
Mønsted Kalkgruber 58
Møntergården, Odense 91
Mors, Insel 72
Mountainbiken 17
Museet for Sjøfart 171
Museum Østjylland, Ebeltoft 65
Musikmuseum Ragnarock, Roskilde 139
Nachtwächterführung, Ribe 37
Nachtwächtertour Ærøskøbing 112
Nakskov 118
Nakskov Fjord 119
Nationalpark Mols Bjerge 56
Nationalpark Thy 34, 45
Nationalpark Wattenmeer 36
Naturama, Svendborg 116
Naturpark Åmosen 136
Nolde Museum 26
Nordhavn, Kopenhagen 166
Nørgaard, Bjørn 58, 59
Nyhavn, Kopenhagen 166
Nymindegab 30
Nymindegab Museum 30
Nyord, Insel 123
Odden Havn 147
Odden Kirke 147
Odense 90
Odsherreds Museum, Nykøbing 147
Øhavsmuseet, Faaborg 95
Øhavsstien 95, 111
Ørestad, Kopenhagen 166
Øresund 155
Øresund Akvariet, Helsingør 171
Pintrip, Camperverbund 83, 108, 187
Poskær Stenhus 56
Postbåd 119
Råbjerg Mile 52
Råbylille Strand 123
Rågeleje 133
Ribe 36
Ribe Domkirke 37
Ringkøbing Fjord 40
Ristinge Hale 105
Ristinge Havn 105
Rødby 178
Rømø, Insel 37
Rørvig 134
Rørvig Nordstrand 147
Roskilde 138
Roskilde Festival 139, 188
Roskilde Fjord 131
Røsnæs 150
Røsnæs Fyr 151
Røsnæs Rundt 151
Rubjerg Knude Fyr 35
Rudolph Tegner Museum 143
Sandskulpturfestival Hundested 134
Sankthansaften 188
Sauna 45
Schackenborg Slot 27
Seebüll 26
Seekajakfahren 16
Segwaytour Helsingør 171
Silkeborg 69
Sjælland, Insel 127
Sjællands Odde 146
Skagen 60
Skagen Glaspusteri 61
Skagens Museum 61
Skarø, Insel 115
Skjern 31
Solvognens Fundsted 147
Sønderborg Slot 103
Søndervig 41
Sonnenwagen von Trundholm 147
Søren Kierkegaard Stenen 143
Spodsberg Havn 107
Stauning Whisky 32
Strandingsmuseet St. George 33
Stubbekøbing 109
Südfünisches Inselmeer 94
Surfen 17, 45

Svanemøllen Autocamperplads 163
Svanninge Bjerge 95
Svendborg 114
Tåsinge, Insel 104
Thorup Strand 34
Thyborøn-Agger-Færgefart 33
Tilsandede Kirke 61
Tirpitz Bunkermuseum 29
Tissø-See 136
Tissø Vikingecenter 136
Tisvildeleje Strand 133
Tivoli Friheden, Aarhus 69
Tivoli, Kopenhagen 165
Tofteskovtårnet 54
Tønder 28
Traktormuseum 73
Tranekær Slot 107
Udbyhøj Kabelfærge 54
Ulstrup Mølle 151
Vadehavscentret, Ribe 37
Vegan essen 15
Vegetarisch essen 15
Vejle 87
Viborg 58
Vikingeskibsmuseet, Roskilde 139
Vilde Heste 106
Vinterjazz, Jazzfestival 188
Vor Frelsers Kirke, Kopenhagen 165
Vor Frue Kirke, Kalundborg 151
Vorupør 45
Wasserskifahren 41
Wikingermuseum, Ribe 37
Wikinger- und Naturparkzentrum Fugledegård 136
Ymerbrønden 95

Stell- & Campingplätze

Tour A

Autocamper Holdeplatz, Hvide Sand 43
Autocamper Ringkøbing 43
Campingplatz Kammerslusen, bei Ribe 6, 39
Nystrup Camping & Cottages, Klitmøller 47
Rømø Familiecamping 39
Vandhøjde Mandøveien, Nationalpark Wattenmeer 39
Vorupør Camping, Klitmøller 47
Womostellplatz Hvide Sande Süd 43

Tour B

Autocamperplatz am Lystbådehavn Nykøbing, Insel Mons 75
Ebeltoft Skudehavn 67
Ebeltopft Strand Camping 67
First Camp Grenen Strand, Skagen 63
Gullerup Strandkro 75
Skagen Autocamper Overnatning 63
Womostellplatz Aarhus 71
Womostellplatz Marselisborg, Aarhus 71

Tour C

Faaborg Camping 7, 97
Fænø Odde Rastplatz, Middelfart 89
Hafenparkplatz Agernæs Havn 6,84
Hafenparkplatz Polenkaj, Odense 93
Nyhavn 2, Middelfart 89
Odense Kanal Parkplatz 93
Stellplatz Lystbådehavn Faaborg 97

Tour D

Albuen Strand Camping, Nakskov 121
Autocamperplatz Marstal Marina, Insel Ærø 113
Camp Møns Klint, Insel Møn 125
Havnekontor, Insel Ærø 113
Klintholm Teltplads, Insel Møn 125
Langø Havn Stellplätze, Nakskov 121
Parkplatz bei Brückenwiesen, Svendborg 117
Skårupøre Camping, bei Svendborg 117
Skjoldnæs Leuchtturm, Insel Ærø 113

Tour E

Autocamper Parkplatz Odden Havn 7, 149
Hafenparkplatz Gilleleje Veststrand 145
Hafenstellplatz Nykøbing Sjælland 149
Parkplatz zwischen Museum und RoS, Roskilde 141
Roskilde Camping 141
Røsnæs Fyr Parkplatz 153
Røsnæs Naturcamping Elverdam 153
Strandparkplatz Smidstrup, bei Gilleleje 145

Tour F

Helsingør Camping 173
Kastrup Camperplaats, Kopenhagen 7, 169
Nordhavnsvej Parkplatz, Helsingør 173
Svanemøllen Hafenparkplatz, Kopenhagen 169

Bildnachweis

Titelbild: Wohnmobil am Strand in Rømø (mauritius images: BY)

Fotos: iStock.com: anyaberkut (174/175), apomares (189), Bee-individual (190), Koldunov (195); laif: F. Tophoven (76); M. Müller (6, 12, 16, 27, 28, 32, 36, 40, 42, 44, 46, 54, 57, 62, 66, 68, 70, 72, 74, 81, 85, 86, 88, 90, 92, 96, 98, 109, 110, 114, 116, 118, 122, 124, 131, 132, 138, 140, 142, 144, 146, 148, 150, 152, 154, 160, 163, 164, 167, 168, 179, 186, 199); mauritius images: Busse & Yankushev (22); Shutterstock.com: A. Bodemer (35), CatalinT (8), Cinematographer (159), T. Cloverfield (53), DisobeyArt (4/5), D. Doerfler (18/19), J. Frehr (103), O. Gorovenko (11), hydra viridis (60), K. A. Isaksen (64), Kenneth Bagge Jorgensen (120, 144), Allan Kristensen (126), L. Kuse (48), PickOne (172), Risen20019 (Klappe hinten innen), rphstock (Klappe vorne/S. 1), Th. Schier (82), Stephan Schlachter (17), A. Sinlaparat (15), St. Alenas (94, 112), Torsox (172), uslatar (59, 137), J. Walshe (106), Wizard8492 (170), Janet Worg (38)

MARCO POLO Camper Guide Dänemark, 2., aktualisierte Auflage 2026
ISBN 978-3-575-02336-0

Text: Martin Müller
Redaktion: Ronit Jariv, derschönstesatz
Gestaltung: Sofarobotnik, Augsburg & München
Übersetzung Camper-Wörterbuch: Baltic Media
Printed in Germany

Kartografie: © KOMPASS-Karten GmbH, kompass.de unter Verwendung von © OpenStreetMap Contributors, osm.org/copyright

MIX
Papier | Fördert gute Waldnutzung
FSC® C155291
FSC www.fsc.org

Lob oder Kritik? Wir freuen uns auf deine Nachricht!

Trotz gründlicher Recherche schleichen sich manchmal Fehler ein. Wir hoffen, du hast Verständnis, dass der Verlag dafür keine Haftung übernehmen kann.
MARCO POLO Redaktion • MAIRDUMONT • info@marco-polo.de

MARCO POLO AUTOR

Martin Müller

Soll seine nordische Womoreise mal nicht aus elegischen einsamen Langstrecken bestehen, steuert Autor und Fotograf Martin Müller Dänemark an. Seit er mal in Kopenhagen wohnte, ist er von den kurzen Wegen von skandinavischer Coolness zum mediterranem Lebensgefühl in Küstennähe fasziniert. Zwischen Wolkenhoch und flachem Terroir für Obst, Wein, Spargel und Käse schätzt er kunstsinnige Orte, frappierende Museen und kreative Architektur. An wilden und milden Ankerpunkten seiner Reise lässt er das Womo auch mal stehen und schwingt sich auf sein Faltrad.

Bloß nicht ...

1 *Die deutsche Flagge am Camper hissen*

Falls du dich durch die ständige Präsenz des Dannebrog veranlasst fühlst, auch mal Flagge zu zeigen: Das ist nicht nur ein Fauxpas, sondern auch verboten.

2 SICH ZU STREITEN VERSUCHEN

Dänen und Däninnen sind außerhalb ihres engeren Kreises nordisch-private Menschen. Vermeide auch gutgemeinte Streitgespräche mit neuen Bekannten, denen Konsens über Kontroverse geht. In der Politik führt das zu funktionierenden Minderheitsregierungen, in Partnerschaft eher zu Trennung statt langer Aussprache.

3 Jeden auf Deutsch ansprechen

Selbst wenn du dich in Grenznähe bewegst, solltest du nur ein Gespräch auf Deutsch beginnen, wenn du vorher fragst, ob das okay ist. So verhältst du dich höflich. Englisch ist immer eine gute Brücke; in Dänemark spricht man viel besseres Englisch als in Deutschland.

4 Ständig und überall hygge knipsen

Dänische Familien richten sich gemütlich und stylish gekonnt ein und verbergen das nicht hinter Gardinen. Damit laden sie aber keineswegs zum Knipsen oder Reinstarren ein, etwa in Wohnungen malerischer Orte oder im Rundgang am 8-tallet-Haus in Kopenhagen. In Christiania ist das Knipsen zwar nun erlaubt, aber dennoch sollte man vor dem Ablichten spannender Leuten erst fragen. Fotos aus „Your rainbow panorama" im ARoS von Aarhus dürfen nur privat verwendet werden, auch in privaten sozialen Medien.

5 ZU VIEL LEINE LASSEN

Dänemark ist ein hundefreundliches Land. Auch Hundehaltern gegenüber ist man entspannt, solange sie die Regeln beachten. Von April bis September gilt am Strand absolute Leinenpflicht, auf Campingplätzen immer. In Restaurants und Cafés wirst du sehr selten deinen Hund mitnehmen dürfen. Auf den zuhause üblichen Hunde-Smalltalk mit spontaner Streicheleinheit stehen dänische Gassigeher ebensowenig wie deren Hunde – selbst in ausgewiesenen Hundewäldern kommt das selten vor.